BUSCANDO SU PRESENCIA

BUSCANDO SU PRESENCIA

DAVID CERULLO

WHITAKER HOUSE

A menos que se indique lo contrario, todas las citas de la Escritura son tomadas de la *Santa Biblia, Versión Reina-Valera 1960*, RVR, © 1960 por las Sociedades Bíblicas en América Latina; © renovado 1988 por las Sociedades Bíblicas Unidas. Usadas con permiso. Las citas de la Escritura marcadas (NVI) son tomadas de la *Santa Biblia, Nueva Versión Internacional®*, NVI®, © 1999 por la Sociedad Bíblica Internacional. Usadas con permiso. Reservados todos los derechos. Las citas de la Escritura marcadas (NTV) son tomadas de la *Santa Biblia, Nueva Traducción Viviente*, NTV, © 2008, 2009 Tyndale House Foundation. Usadas con permiso de Tyndale House Publishers, Inc., Wheaton, Illinois 60189. Todos los derechos reservados.

Negrita y cursiva en las citas de la Escritura indica que es énfasis del autor.

Traducción al español realizada por:
Belmonte Traductores
Manuel de Falla, 2
28300 Aranjuez
Madrid, ESPAÑA
www.belmontetraductores.com

BUSCANDO SU PRESENCIA:
Intimidad con Dios revelada en el tabernáculo
(Publicado originalmente en inglés bajo el título:
Pursuing His Presence: Intimacy with God Revealed in the Tabernacle)

David Cerullo
Inspiration Ministries
P.O. Box 7750
Charlotte, NC 28241
www.inspiration.org

ISBN: 978-1-60374-932-9 • eBook ISBN: 978-1-60374-933-6
Impreso en los Estados Unidos de América

Whitaker House
1030 Hunt Valley Circle
New Kensington, PA 15068
www.whitakerhouse.com

Por favor, envíe sugerencias sobre este libro a: comentarios@whitakerhouse.com.

1 2 3 4 5 6 7 8 9 10 11 20 19 18 17 16 15 14 13

DEDICATORIA

Este libro está cariñosamente dedicado a todos aquellos que están buscando una relación más profunda e íntima con Dios, todos aquellos que verdaderamente quieren un encuentro con Él que les lleve más allá del conocimiento mental hacia una experiencia de intimidad,
poder y transformación.

CONTENIDO

INTRODUCCIÓN:

UNA INVITACIÓN A TENER INTIMIDAD

Estamos a punto de embarcarnos juntos en un viaje asombroso, un viaje que estoy convencido de que transformará su vida y le llevará a un nivel de relación, intimidad y poder con Dios como nunca antes haya experimentado. Le espera algo especial y único al viajar por las páginas de este libro juntamente conmigo.

El hecho de que haya escogido este libro y haya comenzado a leerlo evidencia que Dios tiene en mente algo especial para usted. Su Padre celestial ha señalado este tiempo, ha concertado una cita con usted, para revelar misterios ocultos en las imágenes y modelos de su Palabra que le llevarán a un lugar especial donde Él le ha estado esperando.

Al recorrer este camino juntos, por favor considéreme un compañero de clase del estudio de la Palabra y un guía para este viaje. Yo no soy el maestro. Sin duda, no tengo todas las respuestas ni tampoco entiendo todos los misterios escondidos de la Escritura, pero he descubierto algunas revelaciones maravillosas que me gustaría compartir con usted.

En mi viaje personal con Dios, he aprendido que hay misterios y revelaciones ocultas en su Palabra, misterios que Él ha puesto ahí para que usted y yo los busquemos. Hay modelos e imágenes en su Palabra, no solo palabras sobre papel sino imágenes que Él quiere que veamos.

La Biblia dice: *"Gloria de Dios es encubrir un asunto; pero honra del rey es escudriñarlo"* (Proverbios 25:2). Las verdaderas riquezas y los tesoros no se encuentran esparcidos por el suelo y a plena vista. Ya sea que busque plata, oro o piedras preciosas, tendrá que cavar para encontrarlas, meterse en la mina y buscarlas. Por lo tanto, estamos a punto de embarcarnos en la búsqueda de un tesoro, una expedición en la que abordaremos la Biblia de una manera distinta, buscando imágenes y siguiendo modelos para encontrar una revelación de los misterios que Dios ha escondido en su Palabra.

Una cosa es segura: los misterios y las revelaciones de la Palabra de Dios son inagotables. Cuanto más aprendo, o cuanto más creo que sé, más descubro lo poco que sé. Siempre hay más que aprender. Me acuerdo del comentario de Juan 21:25: *"Y hay también otras muchas cosas que hizo Jesús, las cuales si se escribieran una por una, pienso que ni aun en el mundo cabrían los libros que se habrían de escribir"*. El viaje que estamos a punto de emprender es igual. Es inagotable.

El poder en cinco palabras

Hace muchos años estaba leyendo Filipenses cuando un pasaje en particular me lanzó a un viaje que cambió mi vida, y continúa haciéndolo hasta hoy. El pasaje del que estoy hablando aparece en el tercer capítulo de Filipenses, en el cual el apóstol Pablo expresó su apasionado deseo de conocer más a Dios. (Véase Filipenses 3:7–11). Dios depositó cinco palabras en mi espíritu ese día, y expondré esas palabras detalladamente en el capítulo 1.

Cuando comencé a "escudriñar el asunto", el Espíritu Santo me guió a un versículo poco común en Ezequiel que parecía saltar de la página ante mis ojos. Quizá le haya pasado a usted: estar leyendo las Escrituras cuando, de repente, una palabra, versículo o pasaje en concreto capta su atención de una forma en que nunca antes lo ha hecho.

Para mí, ese pasaje fue Ezequiel 43:10–11:

> *Tú, hijo de hombre, muestra a la casa de Israel esta casa, y avergüéncense de sus pecados; y midan el diseño de ella. Y si se avergonzaren de todo lo que han hecho, hazles entender el diseño de la casa, su disposición, sus salidas y sus entradas, y todas sus formas, y todas sus descripciones, y todas sus configuraciones, y todas sus leyes; y descríbelo delante de sus ojos, para que guarden toda su forma y todas sus reglas, y las pongan por obra.*

Dios le estaba diciendo a Ezequiel, efectivamente: "Enseña mi casa (el templo) a la casa de Israel (mi pueblo). Descríbeselo; ayúdales a entender todo lo que tiene y su significado; y ayúdales a ver cuánto se han alejado de mi modelo".

Los modelos son importantes. Imagínese intentar hacer un traje de un trozo de tela. A menos que tenga un patrón para colocarlo encima de la tela, es muy probable que no consiga que el traje tenga las medidas correctas, y no se podrá vestir.

Con estas palabras de Ezequiel 43, comencé un viaje que me ha llevado a lugares con el Señor que nunca antes me había imaginado. Comencé a estudiar el tabernáculo antes de sumergirme en un estudio del templo. Por el camino, aún estoy aprendiendo y descubriendo misterios escondidos, y aunque no hay manera de compartir en un solo libro todo lo que he aprendido hasta ahora, le diré esto: cada parte del tabernáculo tenía propósito, significado, historias que contar y misterios que revelar. En cada componente hay claves históricas, proféticas y prácticas de donde extraer aplicaciones personales incluso hoy día.

Por ejemplo, escondidos en el patrón, las imágenes y los misterios del tabernáculo y el templo hay revelaciones proféticas de la duración de la "era de la ley", el periodo de tiempo que comienza en el momento que Dios le entregó a Moisés los Diez Mandamientos en la cumbre del monte Sinaí y termina con la venida del Mesías. Los modelos tanto del tabernáculo como del templo describen la duración de la "era de la gracia", el periodo de tiempo comprendido entre el fin de la ley (y el comienzo de la gracia) y el día en que el Padre enviará a su Hijo nuevamente a la tierra para raptar a su iglesia. Contenidos en los modelos del tabernáculo y el templo, ¡hay incluso una imagen del reino milenial de Cristo sobre esta tierra!

Por ahora, vamos a emprender un viaje juntos en un camino para descubrir verdades prácticas y experimentales y misterios escondidos en las imágenes y los modelos del tabernáculo, las tareas sacerdotales y el mobiliario en sí mismo. Creo que las revelaciones de los misterios del tabernáculo son algunas de las mayores revelaciones de Dios, de su Hijo, del camino a su presencia misma, y de la relación transformadora que podemos disfrutar con Él.

¡Comencemos!

Una invitación a tener intimidad

Estoy convencido de que usted ha mirado al cielo en la noche en más de una ocasión y se ha preguntado por el increíble universo que Dios ha creado. Yo lo hago a menudo. Siempre que miro fijamente a las estrellas, viene a mi mente el Salmo 144:3: *"Oh Jehová, ¿qué es el hombre, para que en él pienses, o el hijo de hombre, para que lo estimes?"*.

Para mí, la astronomía es fascinante. Con toda nuestra ciencia y tecnología, el hombre no ha podido aún medir la extensión del cosmos. Los astrónomos especulan con que hay literalmente miles de millones de galaxias. David escribió en el Salmo 19:1: *"Los cielos cuentan la gloria de Dios, y el firmamento anuncia la obra de sus manos"*. Esto es algo en lo que la mayoría de los científicos y astrónomos están de acuerdo: el universo se expande, así como lo declara la Palabra de Dios.

Yo no sé si alguna vez ha contemplado el tamaño de nuestro planeta Tierra en comparación con algunos de los otros planetas de nuestro sistema solar. (Véase figuras de referencia D, E, F y G). Aunque la

Tierra es mayor que Mercurio, Venus, Marte y Plutón, somos diminutos en comparación con Júpiter, Saturno, Urano y Neptuno. Júpiter, el planeta más grande de nuestro sistema solar, es enano en comparación con nuestro sol. (Véase figuras de referencia H, I, J y K). Y nuestro sol es enano en comparación con la estrella Arturo, que es a su vez enana en comparación con la estrella Betelgeuse. Y así sucesivamente....

Lo que quiero decir es que, en toda la magnífica creación de Dios, en toda la expansión del universo, está el planeta Tierra, donde Dios hizo al hombre. Y en medio de todo ello, el Dios del universo mismo quiere tener una relación personal e íntima con usted y conmigo. Es increíble. Asombroso.

¿Qué es el hombre para que Dios se acuerde de nosotros? (Véase Salmos 8:4).

Dios nos creó a usted y a mí para tener comunión y relación. El huerto del Edén era un lugar donde Dios mismo caminaba y hablaba con Adán y Eva. Dios les dio dominio sobre la tierra y les dijo que fueran fructíferos y se multiplicasen. (Véase Génesis 9:7). La Tierra fue creada para ser su residencia, su morada, y el huerto del Edén era donde Dios acudía para "convivir" con el hombre.

Años después, Dios habló a Moisés, diciendo: "*Y harán* [mi pueblo] *un santuario para mí, y habitaré en medio de ellos*" (Éxodo 25:8). El propósito del tabernáculo era ser el lugar donde Dios moraría sobre la tierra.

Este Dios increíble, asombroso e indescriptible quiere morar, "habitar" con *usted*. Por eso es tan importante entender el tabernáculo. Escondidos en su interior hay imágenes, modelos y misterios: revelaciones de cómo tenemos que acercarnos a su presencia.

En el tabernáculo

Cuando el rey David era tan solo un pastorcito que cuidaba del rebaño de su padre, no cabe duda de que miraba el mismo firmamento que contiene Júpiter, Arturo y Betelgeuse, y asombrado, maravillado y atónito, tenía comunión y relación con Dios. Dios hizo referencia a él como *"un varón conforme a su corazón"* (1 Samuel 13:14). Durante esos meses y años que pasó en soledad en los campos, el joven David desarrolló una relación con el Señor caracterizada por la adoración y la intimidad.

Años después, tras haber sido proclamado rey de Israel, David devolvió el arca del pacto a Jerusalén, y estableció la ciudad como el centro de adoración para el Dios Altísimo. Como el templo aún no había sido construido, David levantó un tabernáculo temporal para albergar el arca y nombró sacerdotes que ministrasen allí delante del Señor.

Imagine lo lleno de emoción que debía de estar David cuando el profeta Natán declaró que Dios iba a establecer su reino a través del linaje de David *para siempre*. Después de que David oyese esta profecía, la Escritura dice que inmediatamente *"entró el rey David y estuvo delante de Jehová"* (1 Crónicas 17:16) y derramó su corazón ante Dios.

¿Dónde fue David para estar delante de Jehová? Al *tabernáculo*. Inundado de un sentimiento de adoración, humildad y asombro por la bondad y misericordia de Dios, David quería acercarse todo lo posible a Él.

Cuando la luz del sol brillaba a través de las paredes de la tienda, debía de producirse una sombra sobre el arca del pacto. Puedo ver a David gateando entre las sombras de las alas de los querubines, intentando desesperadamente acercarse lo más posible a la presencia del Señor sin tocar el arca. El clamor de su corazón era este: *"Escóndeme bajo la sombra de tus alas"* (Salmos 17:8).

Al igual que el rey David, usted y yo fuimos creados para vivir en intimidad con Dios. Él desea tener una relación intensamente personal con cada uno de nosotros. Pero ¿qué significa exactamente tener una relación íntima con Él?

Podemos decir que verdaderamente conocemos a alguien, y que de verdad alguien nos conoce, solo cuando conocemos los pensamientos, emociones y respuestas más íntimas el uno del otro; cuando los sentimientos de cercanía, calma y consuelo caracterizan esa relación. Y así precisamente es tener una relación íntima con el Señor.

La palabra *íntima* viene de la palabra latina *intimus,* que significa "un amigo cercano". El verbo es *intimare,* que significa "dar a conocer". Tener intimidad con alguien significa ser un amigo cercano, alguien que está dispuesto a arriesgarse a darse a conocer abriéndose y siendo vulnerable.

Dios quiere que le amemos y confiemos en Él tanto que le invitemos a ver las partes más profundas de nuestra vida y nuestro corazón, incluso esas partes que intentamos ocultar de Él debido al temor y la vergüenza. Él quiere que nos demos por completo a Él y recibamos su amor, así como Él desea darse por completo a nosotros y recibir nuestro amor.

Me encanta la imagen de intimidad que pinta para nosotros el antiguo himno "In the Garden" ["En el huerto"]:

> A solas al huerto yo voy,
> cuando duerme aún la floresta;
> y en quietud y paz con Jesús estoy,
> oyendo absorto allí su voz.
> Él conmigo está, puedo oír su voz
> y que suyo, dice, seré;
> y el gozo que hallo en Él allí,
> con nadie tener podré.[1]

En años recientes, Dios me ha mostrado cómo una relación íntima con Él permite que el creyente viva una vida poderosa, llena de paz y de victoria mientras consigue un impacto mayor en el mundo para Jesucristo y su reino. Nuestra hambre de Él nos llevará a lugares abundantes de Dios, donde *"un abismo llama a otro"* (Salmos 42:7).

1. Traducción de C. Austin Miles, "In the Garden", 1912.

Cuando finalmente llegue el día en que me encuentre con Jesús cara a cara, no quiero simplemente oírle decir: *"Bien, buen siervo y fiel"* (Mateo 25:23); quiero ser capaz de correr a sus brazos abiertos y oírle decir susurrando: "Te amo, y sé que me amas. Bienvenido a casa". Este es el tipo de relación íntima que el Señor desea tener con *usted*.

Mi oración es que este libro sirva como un mapa del tesoro para ayudarle a descubrir el camino que lleva a una relación de intimidad que aumenta en profundidad con Dios. Le invito ahora a viajar conmigo en este recorrido que lleva al corazón de Él.

> *Mis labios pronunciarán parábolas y evocarán misterios de antaño.* —Salmos 78:2 (NVI)

—*David Cerullo*

PARTE I:

EL CAMINO A SU PRESENCIA

1

ERRAR EL BLANCO

*"Mas por él estáis vosotros en Cristo Jesús,
el cual nos ha sido hecho por Dios sabiduría, justificación,
santificación y redención".*
—1 Corintios 1:30

Nos demos cuenta o no, todos estamos clamando por tener más de la presencia de Dios. Algo dentro de nosotros anhela conocerle, experimentar intimidad con Él, y ofrecerle lo único que tenemos para dar: nuestra adoración.

Mi propio viaje hacia una relación de intimidad con el Señor comenzó hace muchos años con un clamor creciente en mi corazón. Estaba sentado en la habitación de un hotel, leyendo mi Biblia, preparándome para el mensaje que tenía que dar en una conferencia esa noche. Me encontré con este versículo que escribió el apóstol Pablo: *"A fin de conocerle, y el poder de su resurrección"* (Filipenses 3:10).

Me quedé deslumbrado cuando leí esas palabras. Pensé: *Pablo, ¿cómo es posible que dijeras esto? Escribiste dos terceras partes del Nuevo*

Testamento, y estás hablando de "querer" conocer a Dios? Si te parecía que no conocías a Dios, ¿quién entonces podrá conocerle?

Entonces me di cuenta de que todos estamos en un viaje al corazón de Dios, y que ninguno de nosotros llegará al final de este peregrinaje hasta que no estemos en el cielo. Ninguno hemos alcanzado el lugar de intimidad con Dios que Él desea que alcancemos. Pablo simplemente estaba diciendo que reconocía que aún no estaba en el lugar donde Dios le estaba llamado a estar en su relación con Él, pero que proseguía hacia el llamado de Dios en Cristo Jesús.

Yo estaba desesperadamente hambriento por conocer a Dios así, y por eso oré: "Señor, quiero conocerte. No quiero tan solo conocer *acerca* de ti; quiero *conocerte*".

El Señor después me habló en mi espíritu, diciendo: *David, ¿quieres ir al siguiente nivel conmigo, más allá de un parentesco, más allá de una amistad, más allá de conocer acerca de mí? ¿Verdaderamente anhelas un nivel más profundo de relación?*

Yo respondí: "Sí, Señor, de verdad quiero una relación íntima contigo".

Él respondió: *David, si realmente quieres conocerme, ¿por qué no estás pasando más tiempo conmigo?*

Ahora bien, permítame ser sincero con usted. Cuando Dios me preguntó eso me dolió, y mucho. Había pasado tiempo con el Señor, pero Él me estaba convenciendo de manera amable y firme de que por lo general limitaba mi tiempo con Él debido a mi apretada agenda.

Él siguió: *No hablamos mucho. No pasas mucho tiempo en mi presencia. Si verdaderamente quieres conocerme, tendrás que pasar más tiempo conmigo.*

Pensé en eso durante un tiempo. Hay muchas formas en que podemos conocer a alguien. A menudo, cuando conocemos a alguien por primera vez, ya hemos oído acerca de esa persona; sencillamente no le *conocemos* en realidad. La única forma de conocer a los demás es pasando tiempo con ellos.

Todos tenemos distintos tipos de relaciones a diferentes niveles con personas distintas.

- Hay personas de las que hemos oído pero que nunca conoceremos.
- Hay personas que hemos conocido pero que nunca llegaremos a conocer realmente, porque no invertimos en nuestra relación pasando tiempo con ellas.
- Hay personas con las que pasamos más tiempo y conocemos un poco más.
- Y después están aquellos con los que pasamos mucho tiempo, aquellos que finalmente se convierten en nuestros amigos más íntimos y cercanos.

Cuanto más tiempo invertimos en nuestra relación con alguien, más conocemos a esa persona, y más cercanos estamos. Por eso lo primero que el Señor me dijo cuando oré para tener una relación más íntima con Él fue: *Si en verdad quieres conocerme, pasa tiempo conmigo.*

Y eso es lo que hice.

Más avanzada esa misma mañana bajé al restaurante del hotel para desayunar. Mientras estaba sentado bebiendo mi café y pensando en lo que Dios me había dicho acerca de que tenía que pasar más tiempo con Él, sentí que estaba a punto de volver a hablarme a mi espíritu. Rebusqué en mi bolsillo intentando buscar un sobre y una pluma para escribir lo que Él estuviera a punto de decirme.

David, si verdaderamente quieres conocerme, hay algunos pasos que debes dar para avanzar hacia un nivel de relación más profundo conmigo.

"Sí, Señor", dije, "daré esos pasos. Cualesquiera que sean, los daré". Y rápidamente anoté en el sobre las cinco palabras que el Señor me habló:

Arrepentimiento. Alabanza. Adoración.
Ofrenda. Sacrificio.

Poco me imaginaba yo el impacto que esas palabras tendrían sobre mi vida en los años sucesivos.

Arrepentimiento

El primer paso que Dios dijo que necesitaba dar si quería conocerle más íntimamente era *arrepentimiento.*

¡Ay! Para mí, esa fue una palabra dura de escuchar.

Pero entendí por qué me estaba diciendo eso. Como creyentes, a menudo llamamos a la puerta de Dios, queriendo pasar más tiempo con Él, cuando no nos hemos preparado para entrar en su santa presencia. El salmista escribió:

> *¿Quién subirá al monte de Jehová? ¿Y quién estará en su lugar santo? El limpio de manos y puro de corazón; el que no ha elevado su alma a cosas vanas, ni jurado con engaño. El recibirá bendición de Jehová, y justicia del Dios de salvación.*
>
> (Salmos 24:3–5)

Cuando le pedimos a Jesucristo que sea nuestro Señor y Salvador, inmediatamente somos lavados por su sangre. Nuestros pecados son perdonados, y su justicia se convierte en nuestra justicia: *"Mas por él estáis vosotros en Cristo Jesús, el cual nos ha sido hecho por Dios sabiduría, justificación, santificación y redención"* (1 Corintios 1:30).

Sin embargo, cuando los discípulos le pidieron a Jesús que les enseñase a orar, Él les dijo que orasen estas palabras como parte de su oración *diaria*: *"Y perdónanos nuestras deudas ["pecados", NTV], como también nosotros perdonamos a nuestros deudores ["a los que pecan contra nosotros", NTV]"* (Mateo 6:12). Aunque nuestra naturaleza de pecado ha sido limpiada cuando invitamos a Jesús a ser el Señor de nuestras vidas, debemos arrepentirnos de nuestros pecados diariamente, como Él nos enseñó a hacer.

¿Qué es pecado, exactamente? La palabra griega para *pecado* es *hamartia,* que significa "errar el blanco". Pecado es todo lo que hacemos, o dejamos de hacer, que nos hace "errar el blanco" del estándar de Dios de santidad. ¡Todos "erramos el blanco" repetidamente a lo largo del día!

Por eso Jesús nos enseñó a pedir a Dios diariamente que perdonase nuestros pecados. Pensamientos que no deberíamos haber entretenido, palabras que no deberíamos haber dicho, acciones que deberíamos o no deberíamos haber hecho: todos estos fallos ocurren en nuestras vidas diariamente. Si queremos tener *"limpio de manos y puro de corazón"*, que es lo necesario para pasar tiempo en comunión íntima con el Señor, debemos arrepentirnos diariamente de nuestros pecados.

La palabra *arrepentimiento* viene de la palabra griega *metaneo*, y significa "pensar de otra manera". El verdadero arrepentimiento requiere un cambio de mente respecto a su pecado, y después cambiar su pensamiento y su conducta. Rehusar o evitar arrepentirnos, de hecho nos impide tener una relación íntima con el Señor.

El Salmo 66:18 nos recuerda: *"Si en mi corazón hubiese yo mirado a la iniquidad, el Señor no me habría escuchado"*, e Isaías 59:2 nos advierte con esta admonición: *"Pero vuestras iniquidades han hecho división entre vosotros y vuestro Dios, y vuestros pecados han hecho ocultar de vosotros su rostro para no oír"*.

Ahora, por favor, entienda que *no* estoy diciendo que Dios nos pida que seamos perfectos. No lo hace. Él sabe que somos débiles y vulnerables a la tentación. Lo que *sí* digo es que Dios nos ha provisto de una vía de escape de su juicio por nuestro pecado: el arrepentimiento basado en la fe solamente en Jesucristo; inicialmente, cuando somos perdonados de nuestra naturaleza de pecado, una vez y para siempre, y después por los pecados que diariamente cometemos que pueden impedirnos conocerle más íntimamente.

Un arrepentimiento genuino ante Dios es una señal de nuestro quebranto y nuestra desesperación por Él. Un buen ejemplo de una oración de arrepentimiento se encuentra en el Salmo 51:

Ten piedad de mí, oh Dios, conforme a tu misericordia; conforme a la multitud de tus piedades borra mis rebeliones. Lávame más y más de mi maldad, y límpiame de mi pecado... Los sacrificios de Dios son el espíritu quebrantado; al corazón contrito y humillado no despreciarás tú, oh Dios. (Salmos 51:1–2, 17)

Dios se alegra mucho cuando nos humillamos ante Él y nos arrepentimos de nuestros pecados. Él nos perdona con amor y nos da la bienvenida a su presencia cuando le pedimos que su poder nos fortalezca y nos ayude cuando "erramos el blanco".

Un requisito

Quiero hacer aquí una breve pausa y ofrecerle la oportunidad de arrepentirse ante Dios e invitar a Jesucristo a ser su Señor y Salvador, si nunca lo ha hecho.

Si usted está leyendo este libro, supongo que es porque tiene hambre de una relación íntima con Dios. Sin embargo, hasta que Jesús no sea el Señor de su vida, nunca podrá experimentar intimidad con Dios. ¿Por qué? Porque Dios es santo, y la única forma de llegar a su presencia es ser hecho santo una vez y para siempre por la sangre de Aquel que nunca pecó: Jesucristo.

Solamente aceptando que su muerte en la cruz es el único camino a Dios tenemos "*libertad para entrar en el Lugar Santísimo por la sangre de Jesucristo*" (Hebreos 10:19).

¡Pero la buena noticia es que usted ya no tiene que esperar más! Puede arrepentirse de su naturaleza de pecado ahora mismo e inmediatamente tener el asombroso derecho a una relación íntima con Dios, ¡quien le ama con un amor eterno que nunca fallará! Lo único que tiene que hacer es...

1. Reconocer que usted es pecador.

Por cuanto todos pecaron, y están destituidos de la gloria de Dios. (Romanos 3:23)

2. Confesar sus pecados.

Si confesamos nuestros pecados, él es fiel y justo para perdonar nuestros pecados, y limpiarnos de toda maldad. (1 Juan 1:9)

3. Arrepentirse ("cambiar su mente") con respecto a sus pecados.

Deje el impío su camino, y el hombre inicuo sus pensamientos, y vuélvase a Jehová, el cual tendrá de él misericordia, y al Dios nuestro, el cual será amplio en perdonar. (Isaías 55:7)

4. Creer que Jesús es el Hijo de Dios, que vivió una vida sin pecado y sin embargo decidió morir como un pecador en la cruz para salvarle de sus pecados.

Que si confesares con tu boca que Jesús es el Señor, y creyeres en tu corazón que Dios le levantó de los muertos, serás salvo. Porque con el corazón se cree para justicia, pero con la boca se confiesa para salvación. (Romanos 10:9–10)

5. Haga esta sencilla oración:

Padre celestial,

Gracias por tu gran amor por mí. Confieso que soy pecador. Me arrepiento de mis pecados y te pido que me perdones. Creo que Jesucristo es tu Hijo, que murió en la cruz por mí, y que tú le resucitaste de los muertos. Por favor, lávame con tu sangre. Gracias por perdonarme y hacerme tu hijo.

Jesús, por favor ven a mi vida en este momento, vive en mi corazón, y lléname con tu Espíritu Santo. Sé mi

Salvador y Señor. Libérame de toda atadura con la que el diablo ha amarrado mi vida.

Jesús, hago esta oración en tu poderoso nombre. Amén.

Si usted ha hecho esta oración, ¡sea bienvenido a la familia de Dios! Ahora mismo, los ángeles del cielo se están regocijando por usted (véase Lucas 15:10), ¡y yo también me regocijo!

En los siguientes días, semanas y meses, sentirá que el Señor le lleva a una relación cada vez más íntima. Hable con Él. Lea su Palabra. Tenga comunión con otros creyentes. Pase tiempo con Él cada día. Él le ama mucho, y quiere estar con usted. Siga leyendo este libro para descubrir tesoros poderosos que le ayudarán a acercarse cada vez más a Él.

Recuerde: la confesión diaria de nuestros pecados es un paso poderoso que podemos dar en nuestro viaje hacia la intimidad con Dios. Cuando acudimos ante Él, lavados y limpiados por la sangre de Jesús y la misericordia del perdón de Dios, estamos listos para dar el siguiente paso que nos llevará más adelante en su presencia.

Para profundizar

1. Piense en una persona con quien haya tenido una relación cercana, buena e íntima. ¿Qué hizo que esa relación fuera especial y distinta a otras relaciones en su vida?

2. Comparado con la relación que acaba de describir, ¿en qué sentido le gustaría que su relación con el Señor fuera igual o distinta?

3. Piense en el tiempo en que su relación con el Señor comenzó por primera vez. ¿Cómo ha cambiado, se ha fortalecido o se ha debilitado desde entonces?

4. Pase tiempo con el Señor y pídale que revele áreas de su vida donde usted esté "errando el blanco". Cuando Dios le revele

algún pecado, sencillamente arrepiéntase. Dígale que ha "cambiado su mente" y que con el valor, la gracia y la fortaleza de Él, usted también cambiará su forma de pensar y su conducta.

2

LAS PIEDRAS NO PUEDEN ALABARLE

"Grande es Jehová, y digno de suprema alabanza".
—Salmos 145:3

El siguiente paso que Dios me pidió que diera en mi viaje hacia una relación más íntima con Él fue la *alabanza*. Aunque la alabanza siempre había sido un aspecto importante de mi relación con el Señor, Él me estaba pidiendo que hiciera de ello una prioridad en nuestro tiempo juntos. Asentí en señal de acuerdo, sabiendo que, después del arrepentimiento, la alabanza es la llave que abre la puerta hacia la presencia de Dios.

Como alabar a Dios ayuda a guiarnos a un lugar de intimidad, es importante que entendamos exactamente qué es la alabanza.

El Salmo 100:4 declara: *"Entrad por sus puertas con acción de gracias, por sus atrios con **alabanza;** alabadle, bendecid su nombre"*. La palabra hebrea para *"alabanza"* en este versículo es *tehillah*, que significa "celebración; elogiar a alguien o algo que es digno". Cuando alabamos a Dios, estamos celebrando su bondad y declarando verdades acerca de su dignidad. Le celebramos por lo que Él ha hecho, lo que está haciendo y lo que hará. Con nuestra alabanza, reconocemos su grandeza:

> *Cada día te bendeciré, y alabaré tu nombre eternamente y para siempre. Grande es Jehová, y digno de suprema alabanza; y su grandeza es inescrutable. Generación a generación celebrará tus obras, y anunciará tus poderosos hechos. En la hermosura de la gloria de tu magnificencia, y en tus hechos maravillosos meditaré. Del poder de tus hechos estupendos hablarán los hombres, y yo publicaré tu grandeza.* (Salmos 145:2–6)

Alabar a Dios inevitablemente incluye darle gracias:

> *Alabad a Jehová, porque él es bueno, porque para siempre es su misericordia. Alabad al Dios de los dioses, porque para siempre es su misericordia. Alabad al Señor de los señores, porque para siempre es su misericordia. Al único que hace grandes maravillas, porque para siempre es su misericordia.* (Salmos 136:1–4)

Nuestra alabanza a Dios está basada en su grandeza, no en nuestras emociones. Podemos decidir alabarle, independientemente de cómo nos sintamos. Cuando el salmista estaba desbordado de angustia, ordenó que su alma alabase a Dios y pusiera en Él su esperanza:

> *¿Por qué te abates, oh alma mía, y por qué te turbas dentro de mí? Espera en Dios; porque aún he de alabarle, Salvación mía y Dios mío.* (Salmos 43:5)

¿Por qué alabamos a Dios?

Quizá alguno se pregunte: "Bueno, ¿y por qué debería alabar a Dios?". Esa es una gran pregunta, y está respondida claramente en la Escritura. Nuestra alabanza a Dios...

- ¡Declara su dignidad! (Véase Salmos 48:1; 145:3; Apocalipsis 4:11; 5:12).
- ¡Demuestra nuestra obediencia! (Véase Salmos 150:1; 81:1–4).
- ¡Derrota a nuestros enemigos! (Véase Salmos 8:1–2; 18:1–3, 46–49).
- ¡Nos libra de nuestras aflicciones! (Véase Salmos 34:4–8; 108:5–6).
- ¡Desafía nuestras circunstancias! (Véase Salmos 116).

No alabamos a Dios porque Él lo necesite; le alabamos debido a nuestra necesidad. Cuando le alabamos, estamos reconociendo que hay un solo Dios verdadero y que Él es el Señor sobre nuestra vida. Esto nos permite conseguir su fortaleza para obtener la victoria en cada situación que se nos presente.

La alabanza nos eleva por encima de los problemas de este mundo y nos posiciona para recibir la presencia, la paz, el poder, la protección y la provisión de Dios. Cuando le alabamos, ¡estamos afirmando nuestra creencia de que Él está en control de todas las cosas!

Una vez que entendemos por qué debemos alabar a Dios, necesitamos entender cómo alabarle.

¿Cómo alabamos a Dios?

Creo que Dios quiere que nuestra alabanza sea dinámica, entusiasta y agradable. Aquí tiene unas cuantas formas bíblicas en que podemos alabar al Señor:

Cantando

La Biblia está llena de ejemplos de canto como una forma de alabanza. El Salmo 47:6 nos manda, no una, sino hasta cuatro veces, que cantemos: *"**Cantad** a Dios, **cantad**; **cantad** a nuestro Rey, **cantad**"*. Nos animamos a nosotros mismos y a otros con canciones que alaban a Dios.

El apóstol Pablo también nos dijo que cantásemos: "*Hablando entre vosotros con salmos, con himnos y cánticos espirituales,* ***cantando*** *y alabando al Señor en vuestros corazones*" (Efesios 5:19).

No tiene que ser un experto vocalista para cantar al Señor. Dios le oye cantar con su corazón, ¡no con sus cuerdas vocales!

Gritando

Hay más de treinta referencias bíblicas al pueblo de Dios gritando sus alabanzas.

> *Cantad alegres a Jehová, toda la tierra;* ***levantad la voz,*** *y aplaudid, y cantad salmos. Cantad salmos a Jehová con arpa; con arpa y voz de cántico.* ***Aclamad*** *con trompetas y sonidos de bocina, delante del rey Jehová.* (Salmos 98:4–6)

Si gritar a Dios le parece algo raro, véalo de esta forma: cuando está en un evento deportivo y su equipo gana el partido, ¿qué hace usted? ¡Grita para celebrar la victoria! Dios ha ganado una grandiosa batalla por nosotros, ¡y por eso podemos gritar a Él de emoción, gozo y victoria! Gritar es una forma agradable y poderosa de alabanza que deleita a Dios y asusta al enemigo alejándole.

Haciendo música

La música es una expresión universal de creatividad. Creo que Dios creó la música principalmente como una forma de adorarle y deleitar nuestra alma. Aunque el enemigo ha intentado apropiarse de la música para hacer avanzar su reino, los creyentes en todo el mundo siguen usando una variedad increíble de instrumentos para alabar a Dios.

El enfoque del Salmo 150 es la alabanza, y comienza con las palabras: "*Alabad a Dios*" (Salmos 150:1). Después, el capítulo continúa con una lista de muchos instrumentos con los que exaltarle. Si usted es músico, use los instrumentos para alabar a Dios. Él le ha dado ese don, y cuando usted toca para Él, le glorifica. Cuando alabe a Dios con su instrumento musical, tanto Dios como usted son bendecidos.

Usando nuestras manos

Uno de los mejores "instrumentos" que yo puedo tocar son mis propias manos. El Salmo 47:1 dice: *"Pueblos todos,* ***batid*** *las manos; aclamad a Dios con voz de júbilo"*. Aplaudir, o batir las manos, es una forma poderosa y vigorizante de alabanza.

También levantamos nuestras manos hacia el cielo como una expresión de alabanza: ***"Alzad vuestras manos*** *al santuario, y bendecid a Jehová"* (Salmos 134:2); *"En tu nombre* ***alzaré mis manos"*** (Salmos 63:4).

La palabra hebrea para *mano* es *yah*. La forma verbal de esta es *yadah*, que significa "alabar levantando las manos". Levantar nuestras manos al Señor es una expresión externa de nuestra experiencia interior de alabanza.

Danzando

Danzar ante el Señor es una expresión de alabanza que involucra cada parte de nosotros. La Biblia dice que cuando el Espíritu del Señor descendió sobre el rey David, éste ***"danzaba*** *con toda su fuerza delante de Jehová"* (2 Samuel 6:14).

Así como la esposa de David, Mical, le menospreció por su exuberante expresión de alabanza, quizá haya personas que nos menosprecien. Pero, al igual que David, podemos responder: *"Y aun me haré más vil que esta vez, y seré bajo a tus ojos"* (2 Samuel 6:22).

¡No sea una piedra!

Tenga en mente que alabar a Dios no es algo reservado solo para las reuniones de la iglesia. Más bien, la alabanza es una actitud, así como algo que decidimos hacer independientemente de nuestras circunstancias. Cuando la alabanza a Dios esté continuamente en nuestro corazón y en nuestros labios, estaremos preparados para los tiempos de intimidad con Él.

Tenga presente, sin embargo, que aunque la alabanza ayuda a preparar el camino, no es una garantía de intimidad con Él. Tristemente, muchos creyentes que cantan en voz alta, aplauden con entusiasmo e incluso danzan con todas sus fuerzas ante Él, como el rey David, verdaderamente no conocen al Señor. Esto se debe a que la intimidad con el Señor conlleva más que simplemente cantar canciones y declarar verdades *acerca* de Él.

En el Salmo 148, la creación misma tiene el mandato de alabar al Señor. Sin embargo, las estrellas, el sol y la luna no tienen una relación con Él. Jesús dijo que si sus discípulos retenían su alabanza, entonces las piedras clamarían. (Véase Lucas 19:40). Pero las piedras no pueden intimar con el Señor.

¡No sea una piedra! Cuando alabe al Señor con entusiasmo y gozo, sepa que puede tener una relación íntima con Él. Este es el deseo del corazón de Dios. Pero sepa también que si verdaderamente quiere tener intimidad con el Señor, aún hay tres pasos más que dar en el camino que conduce a su presencia. Hablaremos de esos pasos en los siguientes capítulos.

Para profundizar

1. Desde la infancia, ¿cuál ha sido su experiencia alabando al Señor?

2. Aunque la mayoría de nosotros probablemente nos sentimos cómodos con el uso de la música, las canciones y el batir las manos, muchas personas recelan con la idea de gritar, levantar sus manos o danzar. ¿Con qué formas de alabanza se siente usted cómodo o incómodo? ¿Por qué?

3. ¿Está usted dispuesto a ser más osado al expresar su alabanza al Señor físicamente? ¿Por qué o por qué no?

4. Pase tiempo hablando con el Señor y alabándole por todo lo que Él ha hecho, todo lo que está haciendo y todo lo que hará en su vida y en las vidas de sus seres queridos. Pídale que le dé el valor para alabarle con valentía en sus tiempos a solas con Él y en adoración con otros creyentes.

3

NO PONGA A DIOS EN SU LISTA DE "QUEHACERES"

"Venid, adoremos y postrémonos; arrodillémonos delante de Jehová nuestro Hacedor".
—Salmos 95:6

Esa mañana en la cafetería, Dios me dijo que si quería tener intimidad con Él, había un tercer paso que debía dar en el camino hacia su presencia: *David, después de que te arrepientas y después de que me alabes, quiero que me* ***adores*** *cuando acudas a mi presencia.*

Hice una pausa para meditar exactamente en lo que me estaba diciendo. Algunos, incluso quizá la mayoría, creemos que "alabar" y "adorar" son términos sinónimos para expresar nuestra adoración a Dios, pero estaba empezando a entender la imprecisión de esta creencia. Hay una clara diferencia entre alabar y adorar. Cuando *alabo* a Dios, estoy reconociendo *lo que Él hace*, pero cuando le *adoro*, estoy expresando mi amor por *quien Él es.*

Aunque la alabanza puede conducir a la adoración, esta progresión no es automática. La triste realidad es que puedo alabar a Dios sin tan siquiera experimentar la verdadera intimidad que viene de adorarle.

Esperar en el Señor

La palabra hebrea usada en el Antiguo Testamento para *adoración* es *shachah*, que significa "inclinarse, agacharse, doblegarse, postrarse tumbado en un acto de sumisión o reverencia ante alguien de la realeza o Dios". La palabra griega para *adoración* usada predominantemente en el Nuevo Testamento es *proskuneo*, que es una combinación de dos palabras: *pros* ("hacia") y *kuneo* ("besar"). Significa "besar, como un perro lame la mano de su amo, postrarse, inclinarse, mostrar reverencia por, adorar".

Cuando adoro al Señor, me someto a Él. Me postro ante Él en total humildad. Le "beso" con mi espíritu. Honro a aquel a quien se le debe todo el honor.

Cuando adoro al Señor, tengo comunión con Él en el nivel más profundo de mi espíritu, donde *"un abismo llama a otro"* (Salmos 42:7). En este lugar de intimidad, no retengo nada ante Él. Le invito a "ver dentro de mí". Experimento su amor por mí, y Él experimenta mi amor por Él. Esto solo es posible porque la verdadera adoración es un lugar de confianza absoluta. No tengo miedo de lo que Dios vaya a decir, o hacer, o esperar de mí en esos momentos de vulnerabilidad.

Un aspecto vital de la adoración es *aguardar* en el Señor. Se nos dice treinta y ocho veces en el Antiguo Testamento que esperemos en Él. ¿Qué significa esto?

La palabra hebrea para "aguardar" es *yachal*: "esperar, tardar, aguardar, estar expectante, anticipar".

En el Salmo 27:14, David nos exhorta: *"**Aguarda** a Jehová; esfuérzate, y aliéntese tu corazón; sí, **espera** a Jehová"*.

El profeta Miqueas prometió: *"Mas yo a Jehová miraré, **esperaré** al Dios de mi salvación; el Dios mío me oirá"* (Miqueas 7:7).

Cuando estamos buscando tiempos de intimidad con Dios, cuando nos hemos arrepentido de nuestros pecados y le hemos alabado; cuando hemos avanzado a ese lugar de adoración, expresando nuestro amor y adoración por Él, es porque desesperadamente queremos experimentar un sentimiento de su amor por nosotros. Pero la verdad es que, debido a las limitaciones de nuestra humanidad, no siempre experimentamos su presencia y le sentimos ahí mismo con nosotros.

Esperar como prueba de nuestra pasión

Muchas veces, la presencia de Dios en la adoración viene solo cuando esperamos con una expectativa cargada de esperanza y anticipación, creyendo que, si nosotros queremos estar con Él, Él también desea incluso más estar con nosotros. Con demasiada frecuencia, nos apresuramos a nuestros tiempos de quietud con el Señor, como si Él fuera un punto necesario que conseguir y marcarlo como realizado en nuestra "lista de quehaceres" después de quince minutos. Estamos demasiado conformes con una mera lectura devocional, un versículo o dos de la Escritura, y después una oración sencilla en la que expresamos nuestro agradecimiento y alabanza. Raras veces *esperamos* ante el Señor en verdadera adoración. A Dios le encanta cuando permanecemos con Él sin prisa, e incluso parece hacer una pausa deliberadamente para asegurarse de que verdaderamente deseamos estar con Él antes de bendecirnos con una conciencia abrumadora de su presencia.

En Hechos 1:4, Jesús les dijo a sus discípulos que se quedaran en Jerusalén y *"**esperasen** la promesa del Padre"*. También sabemos por 1 Corintios 15:6 que Jesús se había aparecido a quinientos de sus seguidores después de su resurrección de la muerte. ¿Sabía que de esos quinientos, solo ciento veinte discípulos estaban en el aposento alto el día de Pentecostés, conviviendo juntos, orando y esperando en el Señor? Solo ciento veinte esperaron allí. Solo ciento veinte fueron cambiados porque esperaron. Solo ciento veinte experimentaron un derramamiento poderoso de su presencia, tan solo un 24 por ciento.

Los otros trescientos ochenta seguidores decidieron hacer otra cosa ese día, y al tomar esa decisión, se perdieron una bendición indescriptible. ¿Acaso no hubiera sido terrible ser uno de los discípulos que se cansaron de esperar y se fueron a sus casas porque estaban ocupados o aburridos?

Esperar en medio del sufrimiento

A veces, puede que sintamos que es muy difícil esperar en el Señor, especialmente cuando estamos en medio de circunstancias dolorosas. Quizá nos impacientamos con Dios, creyendo que si Él supiera lo mucho que estamos sufriendo, no nos haría esperar su presencia para recibir consuelo.

Pero la realidad es que la presencia de Dios no se manifiesta en respuesta a nuestro sufrimiento; viene como respuesta a nuestro *quebranto*. Cuando estamos quebrantados, los cielos se abren.

> *Claman los justos, y Jehová oye, y los libra de todas sus angustias. Cercano está Jehová a los quebrantados de corazón; y salva a los contritos de espíritu. Muchas son las aflicciones del justo, pero de todas ellas le librará Jehová.* (Salmos 34:17–19)

Cuando esperamos en el Señor día a día, con una expectación llena de esperanza y adoración, Él viene y nos da su consuelo, fortaleza, sanidad y esperanza. Nunca subestime el poder del tiempo pasado en la presencia de Dios. En un solo momento, podemos ser sanados y nuestras circunstancias pueden ser cambiadas. Jacob tuvo un encuentro en la presencia de Dios (véase Génesis 32:24–32), y en un momento…

- Su nombre cambió.
- Su caminar cambió.
- ¡Todo su destino cambió!

Hay un maravilloso coro que me encanta cantar llamado "In the Presence of Jehovah" ["En la presencia de Jehová"], de Geron y Becky Davis:

> En la presencia de Jehová
> Dios Todopoderoso, Príncipe de paz
> Los problemas se disipan, los corazones se sanan
> En la presencia del Rey.

Amigo mío, hay cosas que simplemente no se pueden encontrar en la presencia del Señor: pecado, enfermedad, duda, preocupación, culpabilidad, temor, depresión, soledad y angustia. Todo eso debe desaparecer cuando somos confrontados con el poder y el amor de Dios. A medida que espere fielmente en Él en adoración, ¡descubrirá que puede suceder *cualquier cosa* en la presencia del Rey!

¿Le resulta a veces una carga pasar tiempo con Dios, una obligación religiosa o una tarea rutinaria? Si es así, ¡tache el nombre de Él de su lista de "quehaceres" para siempre! Esté dispuesto a *esperar* en Él, confiando en que Él simplemente quiere *estar* con usted y bendecirle con su maravilloso amor.

Le invito a entrar en la intimidad de la verdadera adoración ante el Señor. Le prometo que no lamentará dar este paso vital y transformador en su viaje al corazón de Dios.

Para profundizar

1. La principal diferencia entre alabar y adorar es que cuando alabamos a Dios, estamos reconociendo *lo que Él hace*, y cuando le adoramos, estamos expresando nuestro amor por *quien Él es*. Describa la diferencia entre alabanza y adoración según lo haya experimentado en su propia vida.

2. ¿Es fácil o difícil para usted expresar abiertamente su amor por el Señor? ¿Por qué?

3. La palabra original griega para *adoración* que se ha usado en el Nuevo Testamento significa "besar, como un perro lame la mano de su amo, postrarse, inclinarse, mostrar reverencia por, adorar". ¿Se siente cómodo con esta definición? ¿Por qué o por qué no?

4. Pase tiempo con el Señor en adoración. Al humillarse ante Él y expresar su amor, esté dispuesto a esperar en Él, sabiendo que en la presencia de Dios puede suceder cualquier cosa.

4

ÉL LO QUIERE *TODO*

"Mi Dios, pues, suplirá todo lo que os falta conforme a sus riquezas en gloria en Cristo Jesús".
—Filipenses 4:19

Mientras permanecía sentado dando sorbitos a mi café y meditando en lo que el Señor me estaba diciendo acerca del arrepentimiento, la alabanza y la adoración, Él me dio otro paso que dar en el camino a su presencia: *ofrenda.*

Me dijo: *David, después de haberte arrepentido, después de haberme alabado, después de haber entrado en una verdadera adoración, has de saber que mis requisitos para la intimidad también incluyen traerme una* ***ofrenda.***

Como mi esposa Barbara y yo siempre hemos diezmado fielmente, cuando Dios me dijo que llevarle una ofrenda era uno de los cinco pasos para tener intimidad con Él, presté atención. Me di cuenta de que me estaba hablando de algo más que darle el 10 por ciento de mi paga semanal.

Cuando los hermanos de la iglesia oyen la palabra *ofrenda*, por lo general comienzan a mirar alrededor para encontrar a los ujieres y el cesto de la ofrenda. A decir verdad, dar fielmente de nuestras finanzas al Señor es un paso vital en nuestro viaje hacia la intimidad con Dios. ¿Por qué? Porque nuestro nivel de dar refleja nuestro nivel de confianza en Dios y nuestra creencia en su deseo y capacidad de proveer para cada una de nuestras necesidades. Cuando le damos nuestros diezmos y ofrendas especiales, estamos demostrando nuestra confianza en su promesa de bendecir abundantemente nuestra obediencia y reprender al devorador por nosotros.

> *Traed todos los diezmos al alfolí y haya alimento en mi casa; y probadme ahora en esto, dice Jehová de los ejércitos, si no os abriré las ventanas de los cielos, y derramaré sobre vosotros bendición hasta que sobreabunde. Reprenderé también por vosotros al devorador, y no os destruirá el fruto de la tierra, ni vuestra vid en el campo será estéril, dice Jehová de los ejércitos. Y todas las naciones os dirán bienaventurados; porque seréis tierra deseable, dice Jehová de los ejércitos.* (Malaquías 3:10–12)

Por lo tanto, sí, devolver regularmente a Dios una parte de lo que Él nos ha dado es vital para experimentar intimidad con Él. Pero cuando Dios me dijo que tenía que darle una ofrenda en mis tiempos de intimidad con Él, sabía que no se estaba refiriendo principalmente a mi billetera. Mire, *nada* de lo que tengo es "mío".

¡Mío!

Al ser padres de dos hijos y abuelos de cinco, Barbara y yo conocemos bien la tendencia de un niño de dos años a apoderarse de su juguete favorito y aferrarse a él con uñas y dientes, mientras grita en voz alta: "¡Mío!". Cualquier intento por quitarle el deseado juguete, por lo general termina en unas objeciones en voz alta acompañadas de dramáticos sollozos.

Muchos creyentes actúan igual. En algún momento durante el camino, tuvimos la errónea idea de que todo lo que está a nuestro alcance nos pertenece. Amigo mío, sencillamente eso no es así. Todo lo que poseemos está en nuestras manos *solo* porque Dios nos lo ha dado o ha permitido que lo tengamos. *Nada* nos pertenece, como declaró el rey David:

> ***Tuya*** *es, oh Jehová, la magnificencia y el poder, la gloria, la victoria y el honor; porque todas las cosas que están en los cielos y en la tierra son tuyas.* ***Tuyo****, oh Jehová, es el reino, y tú eres excelso sobre todos. Las riquezas y la gloria proceden de ti, y tú dominas sobre todo; en* ***tu*** *mano está la fuerza y el poder, y en* ***tu*** *mano el hacer grande y el dar poder a todos.* (1 Crónicas 29:11–12)

Esto significa que toda pertenencia material (ropa, automóviles, mobiliario, casas, libros, computadoras, chequeras, tarjetas de crédito), *todo* le pertenece a Dios. Aunque nosotros podamos gritar: "¡Mío!" cuando algo que pensamos que es nuestro se vea amenazado, la verdad es que ¡es *de Él*! El Señor nos llama a amarle más que a todos nuestros bienes mundanos.

Lo mismo ocurre con nuestro tiempo y talentos: nada nos pertenece. Como ocurre con nuestro tesoro, nuestro tiempo, habilidades y dones espirituales son de Dios, para ser usados a discreción de Él. Cuando estemos avanzando hacia una intimidad con Dios, le oiremos claramente decirnos cuándo, dónde y cómo usar esos recursos que Él de forma tan generosa y amable nos ha dado.

Es fácil tener miedo a que si dejamos escapar el poco tesoro, tiempo o talentos que tenemos, no quedará suficiente para nosotros. Pero eso sencillamente no es cierto. En la economía de Dios, cuando soltamos lo que tenemos como una demostración de adoración y obediencia, Él multiplica nuestras ofrendas y nos las devuelve en forma de sus bendiciones en nuestras vidas.

¡Todo!

Muchos estamos muy familiarizados con este reconfortante versículo de Filipenses 4:19: *"Mi Dios, pues, suplirá* ***todo*** *lo que os falta* *conforme a sus riquezas en gloria en Cristo Jesús".* Pero muchos no estamos familiarizados con el versículo que lo precede:

> *Pero todo lo he recibido, y tengo abundancia; estoy lleno, habiendo recibido de Epafrodito lo que enviasteis; olor fragante, sacrificio acepto, agradable a Dios.* (Filipenses 4:18)

La relación entre estos dos versículos es bastante sutil, así que es fácil pasarla por alto. En Filipenses 4:18, Pablo les dice a los miembros de la iglesia en Filipo que él ha recibido el don sacrificial que ellos le habían enviado, y en el siguiente versículo les dice que como ellos suplieron sus necesidades, Dios supliría las de ellos.

¿Ve la correlación? Los creyentes filipenses debían de haber tenido una relación íntima y de confianza con el Señor, porque estuvieron dispuestos a dar generosamente para cuidar del siervo de Dios. Y Pablo les aseguró que esa confianza no era infundada, porque Dios supliría *todas* sus necesidades. ¿Cuánto es "todo"? *¡Todo!*

Pablo también escribió a la iglesia corintia acerca de dar ofrendas generosas y luego confiar en que Dios supliría todas sus necesidades:

> *Y poderoso es Dios para hacer que abunde en vosotros toda gracia, a fin de que, teniendo siempre en todas las cosas todo lo suficiente, abundéis para toda buena obra; como está escrito: Repartió, dio a los pobres; su justicia permanece para siempre.*
> (2 Corintios 9:8–9)

¿Qué dijo Pablo que ocurriría si los corintios adoraban a Dios alegremente con sus ofrendas? Dios haría que "*abunde en vosotros toda gracia*", y que tuvieran "*siempre en todas las cosas todo lo suficiente*". ¿Cuánto es "todo"? *¡Todo!*

Si deseamos intimidad con el Señor, debemos reconocer que *todo* lo que tenemos y *todo* lo que somos es suyo. Y si Él pidiera cualquier cantidad de nuestro tiempo, talento o tesoros, debemos voluntariamente ceder cualquier cosa y todo a Él y después confiar en que Él suplirá *todo* lo que nos falte.

Mi amigo, no tenga miedo de adorar al Señor con sus ofrendas. Decida confiar en Él con todo lo que es y todo lo que tiene. Al hacerlo, experimentará niveles cada vez más profundos de intimidad con aquel que le ama.

Para profundizar

1. ¿Cuál ha sido su experiencia con el diezmo y con dar a Dios ofrendas especiales? ¿Confía en su promesa en Malaquías 3:10–12 de bendecir su entrega y reprender al devorador como respuesta a su fiel entrega? ¿Por qué o por qué no?

2. ¿Hay algo que usted considere "¡mío!" y lo esté reteniendo del Señor?

3. ¿Está usted dispuesto ahora a dar a Dios todo lo que tiene y *todo* lo que es? ¿Por qué o por qué no? Sea sincero con usted mismo y con Él.

4. Pase tiempo con el Señor, pidiéndole que le revele cualquier cosa a la que se pudiera estar aferrando. Acuerde con Él que, según 1 Crónicas 29:11–12, todo lo que usted tiene le pertenece a Él. Pídale que le ayude a soltar *todas* las cosas al cuidado de Dios y que le ayude a confiar en que Él suplirá *todo* lo que le falte por su gran amor hacia usted.

5

CARNE QUEMADA

"Así que, hermanos, os ruego por las misericordias de Dios, que presentéis vuestros cuerpos en sacrificio vivo, santo, agradable a Dios, que es vuestro culto racional".
—Romanos 12:1

La quinta y última palabra que Dios me habló esa mañana en la cafetería del hotel fue *sacrificio.* ¡Esta es una palabra que podría poner nerviosa a una persona! Pero como confío en el asombroso amor de Dios por mí, sabía que Él no me iba a pedir nada que yo no fuera capaz de darle.

"Señor", respondí, "¿qué quieres decir? ¿Qué tipo de sacrificio quieres que te ofrezca?".

Él respondió: *David, no puedes darme una ofrenda sin sacrificio.*

Pensé en la historia que hay en 2 Samuel 24, cuando el rey David quería edificar un altar al Señor; aunque Arauna ofreció darle gratuitamente todo lo necesario para el sacrificio, él insistió en pagar por las cosas que necesitaba, diciendo: *"No ofreceré a Jehová mi Dios holocaustos que no me cuesten nada"* (2 Samuel 24:24).

David sabía que tenía que pagar un precio por su ofrenda. Sabía que su ofrenda necesitaba un sacrificio por su parte si quería que fuera significativa tanto para él como para Dios.

Lo que fue cierto para el rey David entonces sigue siendo cierto para nosotros hoy. Dios no quiere que le entreguemos ofrendas que básicamente no nos cuesten nada: un cheque de 5 dólares en el canasto de la ofrenda cuando normalmente gastamos 100 dólares en cada viaje al centro comercial; ayudar a alguien en necesidad solo cuando nos conviene; un devocional rápido, de diez minutos de lectura apretado en nuestra rutina de cada mañana solo para poder decir que hemos pasado tiempo con Él.

Dios no quiere que le demos la segunda mejor cosa, y no está interesado en las sobras de nuestra mesa. No, Dios me estaba diciendo esa mañana que si quería tener intimidad con Él, entonces debía estar dispuesto a hacer *sacrificios* para Él. Las ofrendas de mi tiempo, talento y tesoro tienen que costarme algo. Si nuestras ofrendas son preciosas para nosotros, también serán preciosas para Dios.

Cuando Dios le preguntó a Abraham si estaba dispuesto a sacrificar a su hijo Isaac, estaba probando a Abraham para ver si estaba dispuesto a ofrecerle lo más preciado del mundo para él: la promesa por la que Abraham y Sara habían esperado durante veintisiete años. Y Abraham demostró con su obediencia que estaba dispuesto:

> *Por mí mismo he jurado, dice Jehová, que por cuanto has hecho esto, y no me has rehusado tu hijo, tu único hijo; de cierto te bendeciré, y multiplicaré tu descendencia como las estrellas del cielo y como la arena que está a la orilla del mar; y tu descendencia poseerá las puertas de sus enemigos. En tu simiente serán benditas todas las naciones de la tierra, por cuanto obedeciste a mi voz.* (Génesis 22:16–18)

Como Abraham no retuvo nada sino que lo ofreció todo, Dios le bendijo confirmando y luego cumpliendo el pacto que había hecho con él años atrás, y su descendencia sin duda fue "*como las estrellas del cielo*" y "*como la arena que está a la orilla del mar*".

Del mismo modo, creo que el Señor estaba pidiendo algo más de mí esa mañana. Sentí que me estaba preguntando si estaría dispuesto a ofrecer mi propia *vida* como sacrificio vivo para Él.

Sacrificios vivos

Ha de saber que la cruda realidad es que yo podía…

- arrepentirme cada día;
- alabar a Dios con entusiasmo;
- adorarle apasionadamente;
- ofrecerle *todo* mi tiempo, tesoro y talento; y
- darle lo más preciado para mí del mundo,

… pero aún había una cosa que me impedía caminar en una relación profundamente íntima con el Señor: *Yo*.

Al igual que una esposa que voluntariamente prepara las comidas, limpia la casa y suple todas las necesidades físicas de su esposo pero no le entrega la parte más íntima de su corazón y su alma, así nosotros también podemos servir al Señor fielmente sin llegar a tener nunca una verdadera intimidad con Él.

Como ve, la intimidad con el Señor significa entregarme a mí mismo a Él con *abandono*. Puedo hacer todo lo que Él me dice que haga y darle todo lo que me pida que le dé, pero si me retengo de Él, nunca experimentaré una verdadera intimidad con el Señor.

En su carta a los cristianos romanos, Pablo escribió:

> *Así que, hermanos, os ruego por las misericordias de Dios, que presentéis vuestros cuerpos en sacrificio vivo, santo, agradable a Dios, que es vuestro culto racional. No os conforméis a este siglo, sino transformaos por medio de la renovación de vuestro*

entendimiento, para que comprobéis cuál sea la buena voluntad de Dios, agradable y perfecta. (Romanos 12:1–2)

La mayoría pensamos que la palabra *sacrificio* significa "dejar algo". En hebreo, la palabra *sacrificio* es *korban*. Significa "acercarse a". El objetivo de los sacrificios del tabernáculo era acercar el pueblo de Dios a Él. Eso es lo que Dios quiere que hagamos usted y yo.

Muchos pasamos nuestras vidas saltando dentro y fuera del altar de Dios. Nuestro corazón puede estar removido de pasión, y quizá podemos darnos a Él como sacrificio vivo, acercarnos a Él durante un día, una semana o un mes, pero después encontramos cosas "mejores" que hacer. Al igual que Pedro, juramos que estamos dispuestos a ir con el Señor, incluso hasta la muerte. (Véase Lucas 22:33). Pero entonces, cuando el fuego parece demasiado doloroso o parece como si los requisitos de Dios fueran demasiado difíciles, en vez de proseguir hacia Él, saltamos fuera y nos alejamos con nuestra carne solo a medio quemar. ¡Y la carne quemada huele bastante mal!

Para continuar en este camino hacia la intimidad de la presencia de Dios, debemos decidir subir a su altar y ofrecernos por completo, cuerpo, alma y espíritu, como un sacrificio vivo; acercarnos a Él y permitir que sus lazos de amor nos mantengan en nuestro lugar hasta que cada parte de nuestra carne que no le da gloria haya sido consumida.

Después, como Pablo, podremos decir: *"Con Cristo estoy juntamente crucificado, y ya no vivo yo, mas vive Cristo en mí; y lo que ahora vivo en la carne, lo vivo en la fe del Hijo de Dios, el cual me amó y se entregó a sí mismo por mí"* (Gálatas 2:20).

El clamor de los desesperados

En Marcos 10 leemos la historia de un ciego llamado Bartimeo que estaba desesperado por tener un encuentro con Jesús. Bartimeo pasaba sus días sentado junto al camino, mendigando comida, dinero, cualquier cosa que pudiera aliviar temporalmente las dolorosas circunstancias de su vida.

Pero entonces, un día, oyó que Jesús y sus discípulos pasaban por allí. *"Y oyendo que era Jesús nazareno, comenzó a dar voces y a decir: ¡Jesús, Hijo de David, ten misericordia de mí!"* (Marcos 10:47).

Parecía que Jesús tan solo iba a pasar de largo junto al mendigo ciego. Como respuesta a los que intentaron acallar sus gritos, Bartimeo sencillamente gritó con más fuerza: *"¡Hijo de David, ten misericordia de mí!"* (Marcos 10:48).

Bartimeo sabía que un encuentro con Jesús podía impactar su vida para siempre. Estaba desesperado por un cambio, y por eso no le daba vergüenza gritar a Jesús. Rehusaba persistentemente callarse o avergonzarse por las opiniones de otros, y su persistencia fue honrada cuando Jesús respondió a sus clamores y sanó su ceguera. (Véase Marcos 10:49–52).

Mi amigo, ¿está usted desesperado por tener un encuentro con el Señor? ¿Tiene tal hambre de intimidad con Él que no puede ser satisfecha de ninguna otra manera? ¿Está dispuesto a dar estos cinco pasos que le conducirán por el camino a su presencia? Si es así, clame pidiendo su toque al...

- arrepentirse ante Él.
- alabarle de todo corazón.
- adorarle apasionadamente.
- ofrecerle su tiempo, tesoro y talentos.
- ser constantemente un sacrificio vivo en su altar.

Si está listo para dar estos cinco pasos, entonces venga conmigo ahora para continuar con este viaje.

Para profundizar

1. Piense en las ofrendas que le ha dado al Señor en meses recientes. ¿Han sido su segunda mejor cosa, o realmente le han costado algo?

2. ¿Cómo le hace sentir saber que Dios le está llamando a ser un "sacrificio vivo" para Él?

3. ¿Se ha entregado usted mismo al Señor con abandono? ¿Por qué o por qué no?

4. Pase tiempo con Dios ahora arrepintiéndose de cualquier pecado, alabándole, adorándole y ofreciéndole su todo. Pídale su valor, gracia y fortaleza para ser un sacrificio vivo para Él, para su gloria.

PARTE II:

COMIENZA EL VIAJE

6

LA DECISIÓN ES SUYA

"Entonces dijo Dios: Hagamos al hombre a nuestra imagen".
—Génesis 1:26

Nos parecemos a Dios? ¿Tiene Dios los mismos rasgos físicos que tenemos nosotros? ¿Se parece Dios a nosotros? ¿Cuál es la imagen de Dios que llevamos?

No creo que ser hecho a imagen de Dios tenga nada que ver con nuestros rasgos físicos. En cambio, la imagen de Dios radica en nuestra capacidad de *escoger*. Se nos ha dado la capacidad de escoger, de tomar nuestras propias decisiones.

Él no nos creó como robots o marionetas. Él no saca ninguna cuerda cósmica que nos hace adorarle. Él establece ante nosotros elecciones a lo largo de nuestra vida. Si le amamos, adoramos, alabamos y buscamos, es porque decidimos hacerlo, no porque haya algún tipo de mano mística invisible forzándonos a hacerlo. A fin de cuentas, nadie quiere una aventura de amor a la fuerza.

La capacidad de decidir es una característica increíble que Dios nos impartió.

¿Qué ocurriría si le dijera que usted podría tener una relación con Dios tan grande como quisiera? ¿Qué tal si usted pudiera experimentar toda la presencia de Dios que quisiera? ¿Cuán grande la gustaría que fuera su relación con Dios, con el Creador del cielo y de la tierra, con el Hacedor del universo y todo lo que contiene? La decisión es suya. Usted puede experimentar a Dios al grado que usted quiera, ya sea mucho o muy poco.

Este libro tiene la intención de ayudarle a descubrir un camino a una relación increíble con Dios mismo, pero es usted quien decide: ¿Se quedará satisfecho con conocer solo *acerca* del Señor? ¿Desea una mera familiaridad con Él? ¿O quiere dejar atrás la familiaridad para llegar a un lugar de intimidad profunda?

Una inversión de tiempo

El Padre anhela tener una relación íntima con usted, pero las relaciones íntimas toman tiempo. Necesitan tiempo para desarrollarse, y necesitan tiempo para sostenerse y crecer. No es posible que usted tenga una relación íntima con alguien a quien ve o con el que habla una vez al año, una vez al mes o incluso una vez a la semana. Las relaciones se desarrollan como resultado de decidir pasar tiempo de calidad juntos.

Antes de que muriese Moisés, y antes de que entregara el liderazgo de la nación de Israel a Josué, llamó al pueblo a reunirse en un lugar llamado Siquem, una ciudad que estaba entre el monte Ebal y el monte Gerizim. Fue también el primer lugar donde Dios llevó a Abraham después de prometerle la tierra. ¿Se imagina lo que Moisés tenía que decirles a los hijos de Israel después de haberles guiado durante cuarenta años y saber que pronto se iría? Quería que recordaran sus últimas palabras, sabiendo que estaban a punto de cruzar finalmente el río Jordán, y adentrarse en la Tierra Prometida.

Moisés le dijo a Josué que escogiese a doce hombres, uno de cada una de las tribus de Israel, y que los dividiera en dos compañías. Josué envío a seis hombres de las tribus de Simeón, Leví, Judá, Isacar, José y

Benjamín para estar sobre el monte Gerizim, como representantes de la bendición de Dios. Para representar la maldición de Dios, envió a otros seis hombres, de las tribus de Rubén, Gad, Aser, Zabulón, Dan y Neftalí, para estar sobre el monte Ebal.

Y Moisés les dijo lo que tenían que hacer después:

> *Y hablarán los levitas, y dirán a todo varón de Israel en alta voz: Maldito el hombre que hiciere escultura o imagen de fundición, abominación a Jehová, obra de mano de artífice, y la pusiere en oculto. Y todo el pueblo responderá y dirá: Amén. Maldito el que deshonrare a su padre o a su madre. Y dirá todo el pueblo: Amén. Maldito el que redujere el límite de su prójimo. Y dirá todo el pueblo: Amén. Maldito el que hiciere errar al ciego en el camino. Y dirá todo el pueblo: Amén. Maldito el que pervirtiere el derecho del extranjero, del huérfano y de la viuda. Y dirá todo el pueblo: Amén. Maldito el que se acostare con la mujer de su padre, por cuanto descubrió el regazo de su padre. Y dirá todo el pueblo: Amén. Maldito el que se ayuntare con cualquier bestia. Y dirá todo el pueblo: Amén. Maldito el que se acostare con su hermana, hija de su padre, o hija de su madre. Y dirá todo el pueblo: Amén. Maldito el que se acostare con su suegra. Y dirá todo el pueblo: Amén. Maldito el que hiriere a su prójimo ocultamente. Y dirá todo el pueblo: Amén. Maldito el que recibiere soborno para quitar la vida al inocente. Y dirá todo el pueblo: Amén. Maldito el que no confirmare las palabras de esta ley para hacerlas. Y dirá todo el pueblo: Amén.*
>
> (Deuteronomio 27:14–26)

Estas palabras son muy serias, por decirlo suave. ¿Qué debió de haber pensado el pueblo? Entonces Moisés les dijo lo que ocurriría como resultado:

> *Acontecerá que si oyeres atentamente la voz de Jehová tu Dios, para guardar y poner por obra todos sus mandamientos que yo te prescribo hoy, también Jehová tu Dios te exaltará sobre todas las*

naciones de la tierra. Y vendrán sobre ti todas estas bendiciones, y te alcanzarán, si oyeres la voz de Jehová tu Dios. Bendito serás tú en la ciudad, y bendito tú en el campo. Bendito el fruto de tu vientre, el fruto de tu tierra, el fruto de tus bestias, la cría de tus vacas y los rebaños de tus ovejas. Benditas serán tu canasta y tu artesa de amasar. Bendito serás en tu entrar, y bendito en tu salir. Jehová derrotará a tus enemigos que se levantaren contra ti; por un camino saldrán contra ti, y por siete caminos huirán de delante de ti. Jehová te enviará su bendición sobre tus graneros, y sobre todo aquello en que pusieres tu mano; y te bendecirá en la tierra que Jehová tu Dios te da. Te confirmará Jehová por pueblo santo suyo, como te lo ha jurado, cuando guardares los mandamientos de Jehová tu Dios, y anduvieres en sus caminos. Y verán todos los pueblos de la tierra que el nombre de Jehová es invocado sobre ti, y te temerán. Y te hará Jehová sobreabundar en bienes, en el fruto de tu vientre, en el fruto de tu bestia, y en el fruto de tu tierra, en el país que Jehová juró a tus padres que te había de dar. Te abrirá Jehová su buen tesoro, el cielo, para enviar la lluvia a tu tierra en su tiempo, y para bendecir toda obra de tus manos. Y prestarás a muchas naciones, y tú no pedirás prestado. Te pondrá Jehová por cabeza, y no por cola; y estarás encima solamente, y no estarás debajo, si obedecieres los mandamientos de Jehová tu Dios, que yo te ordeno hoy, para que los guardes y cumplas, y si no te apartares de todas las palabras que yo te mando hoy, ni a diestra ni a siniestra, para ir tras dioses ajenos y servirles. (Deuteronomio 28:1–14)

Las bendiciones por escoger ser obediente al Señor resonaron, seguidas de un breve momento de silencio. Las personas debieron de haberse preguntado qué estaba sucediendo. Entonces Moisés les advirtió de lo que ocurriría si ignoraban las advertencias de Dios. (Véase Deuteronomio 28:15–68).

Parecía como si estas maldiciones no terminaran. El pueblo debió de haberse preguntado: *¿En qué consiste todo esto?*

¿Por qué llevó Dios a Abraham a este lugar en un principio, y por qué llevaba ahora a los hijos de Israel de nuevo a este lugar? Les llevó allí con un propósito: hacerles tomar una decisión, ser benditos o ser malditos. Una decisión de convertirse en el pueblo de Dios especial, peculiar y llamado, o en un pueblo que sufriría las consecuencias de sus decisiones desobedientes.

El monte Gerizim llegó a conocerse como "el monte de la bendición" y el monte Ebal como "el monte de la maldición". Siquem, la ciudad que había entre medias, se llamó "el lugar de la decisión".

Moisés se iría en breve. Josué asumiría el mando de Israel y les guiaría a través del Jordán a la Tierra Prometida después de cuarenta largos años de vagar por el desierto. Israel haría frente a muchas conquistas y batallas por el camino, comenzando con Jericó y siguiendo hacia las partes del norte y del sur de Palestina. Finalmente, Josué dividiría la Tierra Prometida entre las tribus de Israel.

Al igual que Moisés antes que él, Josué estaba preocupado por lo que les ocurriría a los hijos de Israel cuando él se fuera. ¿Seguirían decidiendo servir y obedecer al Señor, o se rebelarían?

El lugar de la decisión

Cuando Josué convocó a todo Israel para recibir sus últimas palabras de instrucción, ¿dónde cree que convocó la reunión? Escogió Siquem, el lugar de la decisión.

> *Aconteció, muchos días después que Jehová diera reposo a Israel de todos sus enemigos alrededor, que Josué, siendo ya viejo y avanzado en años, llamó a todo Israel, a sus ancianos, sus príncipes, sus jueces y sus oficiales, y les dijo: Yo ya soy viejo y avanzado en años. Y vosotros habéis visto todo lo que Jehová vuestro Dios ha hecho con todas estas naciones por vuestra causa; porque Jehová vuestro Dios es quien ha peleado por vosotros. He aquí os he repartido por suerte, en herencia para vuestras tribus, estas naciones, así las destruidas como las que quedan, desde el Jordán*

> *hasta el Mar Grande, hacia donde se pone el sol. Y Jehová vuestro Dios las echará de delante de vosotros, y las arrojará de vuestra presencia; y vosotros poseeréis sus tierras, como Jehová vuestro Dios os ha dicho. Esforzaos, pues, mucho en guardar y hacer todo lo que está escrito en el libro de la ley de Moisés, sin apartaros de ello ni a diestra ni a siniestra; para que no os mezcléis con estas naciones que han quedado con vosotros, ni hagáis mención ni juréis por el nombre de sus dioses, ni los sirváis, ni os inclinéis a ellos. Mas a Jehová vuestro Dios seguiréis, como habéis hecho hasta hoy. Pues ha arrojado Jehová delante de vosotros grandes y fuertes naciones, y hasta hoy nadie ha podido resistir delante de vuestro rostro. Un varón de vosotros perseguirá a mil; porque Jehová vuestro Dios es quien pelea por vosotros, como él os dijo. Guardad, pues, con diligencia vuestras almas, para que améis a Jehová vuestro Dios.* (Josué 23:1–11)

Josué había sido un líder fiel, y ahora estaba a punto de morir. Concluyó sus declaraciones con una última instrucción, la cual se ha hecho familiar para la mayoría de nosotros:

> *Escogeos hoy a quién sirváis; si a los dioses a quienes sirvieron vuestros padres, cuando estuvieron al otro lado del río, o a los dioses de los amorreos en cuya tierra habitáis;* ***pero yo y mi casa serviremos a Jehová.*** (Josué 24:15)

Si Israel quería experimentar la bendición de Dios, tenía que escoger ser obediente, escoger amar al Señor y escoger servirle con todo su corazón.

Cada día, usted y yo nos vemos ante una decisión acerca de nuestra relación con nuestro Padre celestial. Todos tenemos nuestra propia "Siquem", nuestro lugar de decisión.

¿Qué tipo de relación quiere con su Padre celestial? ¿Quiere simplemente saber *acerca* de Él? ¿O quiere ir más allá del punto de una mera familiaridad y tener una amistad? ¿Quiere ir más allá de una amistad para alcanzar un lugar de intimidad?

Las relaciones se producen en muchos niveles. Usted puede conocer acerca de alguien. Puede oír acerca de alguien. Puede ser amigo de alguien. Incluso puede tener una relación íntima con alguien. Cada una requiere una inversión distinta de su tiempo en esa relación. El nivel de su relación finalmente dependerá de cuánto tiempo decide usted pasar con la otra persona.

Hay un nivel con el Señor que usted y yo podemos conseguir. Es un lugar de increíble poder e intimidad, pero requerirá un sacrificio de su tiempo. Es un sacrificio que yo oro que usted decida hacer, porque le llevará a lugares con Dios en los que nunca antes ha estado.

Cada día, como Josué, no solo necesitamos decir: *"Pero yo y mi casa serviremos a Jehová"*, sino que también tenemos que decir: "Este día, hoy, tomo la decisión de pasar tiempo con Él, tiempo en su Palabra, tiempo en oración, tiempo en adoración, más tiempo con Él".

Cada día, necesitamos nuestro pan diario. No podemos sobrevivir o estar sanos en el mundo natural si solo comemos una comida al mes, o incluso una comida a la semana. Moriríamos. Lo mismo ocurre espiritualmente.

Hoy, oro que usted haga el compromiso de pasar tiempo diariamente con el Señor. Tiempo en su Palabra... tiempo en oración... tiempo en adoración... tiempo a solas con Él. Él le alimentará con "pan diario" cuando usted permanezca en su presencia.

Prepárese para embarcarse en un camino transformador que le acercará directamente al mismo corazón de Dios. Descubra el gozo de tener una intimidad cada vez más profunda con el Señor. Experimente su presencia de formas que nunca antes había conocido.

La decisión es suya.

Para profundizar

1. ¿Qué tipo de relación con Dios, el Creador del cielo y la tierra, el Hacedor del universo y todo lo que en él hay, le gustaría tener?

2. ¿Hay veces en su vida en que sintió la maldición porque había abandonado su relación con Dios? ¿De qué modo?

3. Escriba algunas de las bendiciones que ha tenido por ser obediente a Dios y a su llamado. Si no se acuerda de ninguna, ¿podría haber alguna razón?

4. ¿Cómo describiría su relación con Dios ahora mismo? ¿Es una relación en la que simplemente conoce *acerca de* Él, es una relación de familiaridad o amistad, o una de profunda intimidad?

5. ¿Qué significaría para usted tener una relación con Dios en un nivel más alto?

7

IMÁGENES, MODELOS Y MISTERIOS

"Y me buscaréis y me hallaréis, porque me buscaréis de todo vuestro corazón".
—Jeremías 29:13

Cuando usted era niño, ¿alguna vez fingió ser un pirata y dibujó un mapa donde una "X" marcaba el lugar donde estaba enterrado el tesoro en su patio trasero? La Palabra de Dios es algo parecido a un mapa del tesoro, salvo que el tesoro que contiene en su interior no es de mentira; ¡es oro puro! Así como el mapa del tesoro nos conduce a riquezas escondidas, cuando seguimos diligentemente el mapa de la Biblia, descubrimos las asombrosas riquezas que Él ha escondido para que nosotros las encontremos. Pero debemos cavar para encontrarlas.

Al estudiar la Biblia durante años, Dios ha revelado misterios que me han impactado profundamente en mi viaje hacia la intimidad con Él. Ahora, permítame asegurarle que Él no me ha estado enseñando estos secretos porque yo sea alguien especial. Dios ha estado compartiendo verdades profundas conmigo porque se lo he pedido, le he buscado y he esperado y escuchado sus respuestas. Amigo mío, Él también quiere compartir sus misterios con usted.

El rey Salomón dijo: *"Gloria de Dios es encubrir un asunto; pero honra del rey es escudriñarlo"* (Proverbios 25:2). La mayoría de las veces, las cosas profundas de Dios no se entienden claramente mediante nuestra mente natural. Él comienza a revelar los tesoros ocultos de su Palabra solo cuando le buscamos apasionadamente, movidos por un hambre desesperada de conocer verdaderamente tanto a Dios como sus caminos. Cuando cavamos para encontrar el oro de Dios enterrado en las Escrituras, Él nos asegura lo siguiente: *"Y me buscaréis y me hallaréis, porque me buscaréis de todo vuestro corazón"* (Jeremías 29:13).

Cuando busqué a Dios y le pedí que se revelara a mí mediante su Palabra, Él me recordó su promesa en Santiago 4:8: *"Acercaos a Dios, y él se acercará a vosotros"*. Y así, comencé a acercarme a Él de formas que nunca antes había utilizado; y al hacerlo, Él comenzó a revelarme las imágenes y los modelos escondidos en su Palabra.

Imágenes pintadas

Cuando era un niño, mis padres fueron fieles llevándome a la escuela dominical. Me encantaba la Biblia grande que había en el departamento de niños de nuestra iglesia porque estaba llena de dibujos. Pasaba las hojas lentamente, cautivado por las ilustraciones de Noé y el arca, Moisés dividiendo el mar Rojo y Daniel en el foso de los leones.

La Biblia está llena de imágenes; pero como adultos, tendemos a leer las palabras impresas en las páginas sin ver las increíbles imágenes que Dios ha pintado para nosotros en su Palabra.

Él ha incluido estas imágenes porque está intentado enseñarnos una verdad vital acerca de cómo Él se comunica con sus hijos: Dios usa el mundo *natural* para revelarnos verdades *espirituales* profundas.

Jesús usó frecuentemente lo natural para revelar lo espiritual enseñando a sus seguidores en parábolas: historias terrenales con significados celestiales. Él reveló verdades acerca del reino de Dios mediante una semilla, una perla y una red de pescar. (Véase Mateo 13:31–32, 45–48; Marcos 4:26–32; Lucas 13:18–19). Él usó un rebaño de ovejas y un pastor para enseñar que sus discípulos debían seguirle y escuchar su voz. (Véase Juan 10:1–18). Él señaló una vid y sus pámpanos para demostrar nuestra necesidad de habitar en Él si queremos dar fruto para la eternidad. (Véase Juan 15:1–8).

Cuando los discípulos acudieron a Jesús y le preguntaron por qué enseñaba en parábolas, Él respondió: *"Porque a vosotros os es dado saber los misterios del reino de los cielos; mas a ellos no les es dado"* (Mateo 13:11).

Los misterios del cielo son como los tesoros de oro incrustados profundamente en la Palabra de Dios que deben ser minados si se quieren descubrir, entender y aplicar a nuestra vida.

Lo natural y lo espiritual

En su carta a los cristianos romanos, Pablo dijo: *"Porque las cosas invisibles de él, su eterno poder y deidad, se hacen claramente visibles desde la creación del mundo, siendo entendidas por medio de las cosas hechas, de modo que no tienen excusa"* (Romanos 1:20).

Pablo estaba diciendo que Dios ha usado lo que se ve para enseñar acerca de lo que no se ve. Enfatizó el mismo punto en su carta a los creyentes en Corinto: *"Así también está escrito: Fue hecho el primer hombre Adán alma viviente; el postrer Adán, espíritu vivificante.* ***Mas lo espiritual no es primero, sino lo animal; luego lo espiritual****"* (1 Corintios 15:45–46).

Permítame decirlo de nuevo: Dios usa lo natural para revelar lo espiritual. Él usa imágenes y modelos del mundo temporal para enseñarnos verdades eternas.

Cuando clamé a Dios en mi hambre de conocerle más íntimamente, me quedé asombrado cuando Él comenzó a revelarme los misterios de los modelos escondidos en el tabernáculo y el templo. ¿Por qué me estaba enseñando acerca de los lugares santos de adoración de los israelitas, me preguntaba, cuando lo que yo había pedido era una relación más profunda e íntima con Él?

No pasó mucho tiempo hasta que obtuve mi respuesta: ¡Porque escondido en los modelos del tabernáculo y del templo está el camino a su presencia! Y cuanto más me ha revelado acerca de este patrón, más intimidad he experimentado en mi relación con Él.

"Muestra a la casa de Israel esta casa"

En la introducción, mencioné que estaba leyendo Ezequiel 43 un día y me encontré con algo que casi me hace caerme de la silla. Dios le dijo a Ezequiel:

> *Tú, hijo de hombre,* ***muestra a la casa de Israel esta casa****, y avergüéncense de sus pecados; y midan el diseño de ella. Y si se avergonzaren de todo lo que han hecho, hazles entender el diseño de la casa, su disposición, sus salidas y sus entradas, y todas sus formas, y todas sus descripciones, y todas sus configuraciones, y todas sus leyes; y descríbelo delante de sus ojos, para que guarden toda su forma y todas sus reglas, y las pongan por obra.*
>
> (Ezequiel 43:10–11)

Dios dijo: "*Muestra a la casa de Israel esta casa*". ¿Cuál era la segunda "*casa*" a la que se refería Dios? ¡El templo! Y ¿qué, o quién, es la primera "*casa*"? ¡El pueblo de Israel! ¿Por qué tenía Ezequiel que "[mostrar] *a la casa de Israel esta casa*"? Para que los israelitas pudieran entender las revelaciones del patrón del templo ¡y se avergonzasen de su pecado!

Dios le estaba diciendo a Ezequiel, en efecto: "Te he dado el patrón de mi templo para que lo sigas. Ahora quiero que le digas a mi pueblo que mire este patrón, mida el patrón y se comparen con el patrón, para que se convenzan de su pecado y regresen a mí".

Tras leer este pasaje, tuve una revelación fresca de que el templo no era tan solo una casa de adoración hace miles de años en los tiempos del Antiguo Testamento. La imagen que Dios dibujó del templo en las Escrituras es para usted y para mí *hoy*. Hay un propósito transformador, vivificador y que impacta la eternidad en su patrón.

Si se da cuenta, lo que ocurrió bajo el antiguo pacto fue un bosquejo para el nuevo pacto, y juntos, el antiguo y el nuevo pacto forman un bosquejo para nosotros hoy. Pablo nos dijo que las cosas que acontecieron a los hijos de Israel les sucedieron para enseñarles a ellos *y* a nosotros:

> *Y estas cosas les acontecieron como ejemplo, y están escritas para amonestarnos a nosotros, a quienes han alcanzado los fines de los siglos. Así que, el que piensa estar firme, mire que no caiga.*
> (1 Corintios 10:11–12)

Recuerde que Dios usa lo *natural* para revelar lo *espiritual*.

El tabernáculo celestial de Dios

Aunque yo había crecido siendo hijo de un predicador y había leído la Palabra una y otra vez, no tenía ni idea de que había un tabernáculo en el cielo. Pero un día, Dios me mostró que hay, de hecho, un tabernáculo santo en el ámbito celestial, ¡el mismo que proveyó el patrón para el tabernáculo terrenal de los israelitas en el desierto!

El escritor de Hebreos dijo: *"Los cuales sirven a lo que es figura y sombra de las cosas celestiales, como se le advirtió a Moisés cuando iba a erigir el tabernáculo, diciéndole: Mira, haz todas las cosas conforme al modelo que se te ha mostrado en el monte"* (Hebreos 8:5).

Según las Escrituras, Dios llevó a Moisés a lo alto de un monte y le mostró un modelo para que supiera cómo construir el tabernáculo. ¿A qué monte le llevó Dios? No pudo haber sido el monte Sinaí, porque no había un tabernáculo en el monte Sinaí que Moisés pudiera ver.

Entonces, ¿dónde estaba el monte donde Dios le mostró a Moisés el modelo? Creo que Dios llevó a Moisés al monte Sión en una visión, le mostró el templo en el cielo, y dijo: "*Y harán un santuario para mí, y habitaré en medio de ellos. Conforme a todo lo que yo te muestre, el diseño del tabernáculo, y el diseño de todos sus utensilios, así lo haréis*" (Éxodo 25:8–9).

Hebreos 9:23–24 también hace referencia al modelo (o las "figuras") del cielo:

> *Fue, pues, necesario que las figuras de las cosas celestiales fuesen purificadas así; pero las cosas celestiales mismas, con mejores sacrificios que estos. Porque no entró Cristo en el santuario hecho de mano, figura del verdadero, sino en el cielo mismo para presentarse ahora por nosotros ante Dios.*

En los capítulos 25 al 31 de Éxodo, leemos acerca de los complejos planos para el tabernáculo que Dios le reveló a Moisés, incluyendo la financiación, construcción, mobiliario, cubiertas, sacerdotes y sacrificios; detalles tan pequeños como los ganchos donde se debían colgar los utensilios para servir. Cada elemento tenía un significado.

Moisés estuvo con Dios durante cuarenta días, observando y aprendiendo acerca del modelo, y cuando Dios le reveló todos los detalles que necesitaba para realizar la tarea, envió a Moisés de nuevo a construir el tabernáculo según las instrucciones exactas que le había dado.

Para aclarar, el *tabernáculo del desierto*, construido según el plan que Dios reveló en el monte Sinaí a Moisés, fue la morada temporal de Dios y la casa de adoración de los israelitas durante su éxodo de Egipto. (Véase figura de referencia L). El *templo de Jerusalén* fue encomendado por Salomón, el hijo del rey David, para que fuese la casa de adoración "permanente" de los israelitas. Sin embargo, fue destruido por los romanos en el año 70 d.C., y lo único que queda es una parte del muro, conocido hoy como el Muro de las Lamentaciones. Compartiré más con usted acerca del templo en el siguiente capítulo.

Moisés y Jesús

Cuando Jesús fue confrontado por un grupo de religiosos judíos porque hizo milagros en el día de reposo y afirmó que Dios era su Padre, dio una respuesta asombrosa a sus acusaciones:

> *No penséis que yo voy a acusaros delante del Padre; hay quien os acusa, Moisés, en quien tenéis vuestra esperanza.* ***Porque si creyeseis a Moisés, me creeríais a mí, porque de mí escribió él.*** *Pero si no creéis a sus escritos, ¿cómo creeréis a mis palabras?*
>
> (Juan 5:45–47)

¡Espere un segundo! ¿Moisés escribió de Jesús?

Moisés escribió los primeros cinco libros del antiguo pacto, conocido como la Torá: Génesis, Éxodo, Levítico, Números y Deuteronomio. He leído estos libros y releído y vuelto a leer, y puedo asegurarle algo: el nombre de Jesús no se menciona ni una sola vez.

¿Por qué, entonces, dijo Jesús: *"Porque si creyeseis a Moisés, me creeríais a mí, porque de mí escribió él"*? ¡Porque Jesús es revelado en el modelo del tabernáculo!

Cuando Dios le mostró a Moisés el modelo para construir el tabernáculo, lo que había implícito era mucho más que un plano para una casa de adoración para el pueblo de Dios mientras vagaban por el desierto. Dios estaba revelando una imagen, un modelo, un plan y un propósito para todas las generaciones futuras: un mapa para guiarles hacia una relación íntima con Él.

Usted es el templo

Las imágenes y los modelos del tabernáculo del desierto y el templo de Salomón tienen un impacto tremendo en usted y en mí hoy. Las imágenes que Dios dibujó en su Palabra y los modelos que ordenó hace miles de años se aplican a nosotros en estos días.

Pablo escribió: *"¿O ignoráis que vuestro cuerpo es templo del Espíritu Santo, el cual está en vosotros, el cual tenéis de Dios, y que no sois vuestros? Porque habéis sido comprados por precio; glorificad, pues, a Dios en vuestro cuerpo"* (1 Corintios 6:19–20).

No nos pertenecemos a nosotros mismos. Somos de Dios, y Él tiene un propósito santo para cada uno de nosotros. Y no solo somos el tabernáculo vivo de Dios en el que Él habita ahora; también somos sacerdotes que sirven al Dios Altísimo:

> *Mas vosotros sois linaje escogido, real sacerdocio, nación santa, pueblo adquirido por Dios, para que anunciéis las virtudes de aquel que os llamó de las tinieblas a su luz admirable.*
>
> (1 Pedro 2:9)

Dios quiere que *todos* sus hijos le conozcan y busquen sus caminos. El objetivo de este libro es compartir con usted los misterios que Dios me ha revelado a través de los últimos años, misterios que le ayudarán a acercarse a una relación más íntima con Él.

Mientras continúa en su viaje hacia una intimidad con el Señor, le animo a cavar bien hondo en su Palabra para descubrir el abundante almacén de tesoros que Él ha guardado para usted, tanto en esta vida como para toda la eternidad.

Para profundizar

1. Dios usa lo *natural* para *revelar* lo espiritual. Piense en un ejemplo en su propia vida en el que Él ha usado algo en el mundo natural para enseñarle una verdad espiritual.

2. Santiago 4:8 promete: *"Acercaos a Dios, y él se acercará a vosotros"*. ¿Qué cercanía siente que tiene hoy con Dios? En una escala de 1 a 10, donde 1 es estar completamente alejado de Dios y 10 estar envuelto en su amorosa presencia, ¿dónde se situaría usted?

3. ¿Está usted viviendo como si no fuera suyo y como si *"vuestro cuerpo es templo del Espíritu Santo"*? ¿Por qué o por qué no?

4. Pase tiempo ahora hablando con el Señor acerca de su hambre, o de la falta de ella, por tener una relación más íntima con Él. Pídale que provoque en usted un deseo de profundizar en su Palabra para descubrir el "oro" que Él ha enterrado ahí para usted.

8

FUEGO Y GLORIA

"Y la casa que se ha de edificar a Jehová ha de ser magnífica por excelencia, para renombre y honra en todas las tierras".
—1 Crónicas 22:5

Cuando clamé a Dios diciéndole que quería conocerle en verdad, Él me dio los cinco pasos que compartí en la parte I de este libro: *arrepentimiento, alabanza, adoración, ofrenda* y *sacrificio.*

Pero su revelación no terminó ahí. De hecho, poco sabía yo que lo que Dios había hablado a mi espíritu esa mañana en el hotel era solo el comienzo de los misterios que Él quería revelarme, misterios que hasta entonces habían estado velados a mis ojos y oídos espirituales.

Durante el transcurso de los siguientes años, Dios me sorprendió con ricos tesoros enterrados en su Palabra, tesoros de imágenes y modelos escondidos en el Antiguo Testamento acerca del tabernáculo del desierto y el templo de Salomón.

"Levantaos, y edificad"

Como quizá sepa, el templo de Salomón se construyó siguiendo el modelo del tabernáculo de Moisés en el desierto.

Aunque el rey David sabía que no era el escogido para edificar el templo (véase 2 Samuel 7), seguía estando apasionado con la construcción de la casa de adoración de Dios en Jerusalén. Dijo: "*Y la casa que se ha de edificar a Jehová ha de ser magnífica por excelencia, para renombre y honra en todas las tierras; ahora, pues, yo le prepararé lo necesario*" (1 Crónicas 22:5).

Sabiendo que Dios había ordenado a su hijo Salomón para que fuese coronado rey después de él, David fue diligente en proveer los recursos necesarios para lograr esta monumental tarea. Cuando David encomendó a Salomón la tarea de edificar el templo, enumeró las provisiones que había preparado para su hijo (véase 1 Crónicas 22:14–15):

- 100.000 talentos de oro
- 1.000.000 de talentos de plata
- bronce y hierro "*sin medida*"
- madera y piedra
- obreros, canteros, albañiles, carpinteros, y hombres expertos en toda obra

Como padre amoroso, el rey David advirtió firmemente a su hijo que se mantuviera fiel al Señor en el proceso de construcción y durante todo su reinado:

> *Y Jehová te dé entendimiento y prudencia, para que cuando gobiernes a Israel, guardes la ley de Jehová tu Dios. Entonces serás prosperado, si cuidares de poner por obra los estatutos y decretos que Jehová mandó a Moisés para Israel. Esfuérzate, pues, y cobra ánimo; no temas, ni desmayes.*
>
> (1 Crónicas 22:12–13)

Como estudiante de la historia de los israelitas y la ley de Dios, David sabía que las bendiciones de la presencia, poder, paz, protección y prosperidad de Dios estaban disponibles solo para quienes caminaban con Él en una relación de pacto obediente y llena de fe. También sabía que, por el contrario, quienes caminasen en desobediencia y rebelión recibirían el juicio de Dios y la retirada de sus bendiciones de pacto.

Después David encargó a Salomón lo siguiente:

> *Poned, pues, ahora vuestros corazones y vuestros ánimos en buscar a Jehová vuestro Dios; y levantaos, y edificad el santuario de Jehová Dios, para traer el arca del pacto de Jehová, y los utensilios consagrados a Dios, a la casa edificada al nombre de Jehová.* (1 Crónicas 22:19)

En el cuarto año de su reinado, alrededor del año 960 a.C., el rey Salomón comenzó a edificar el templo sobre el monte Moriah en Jerusalén, y la construcción continuó durante siete años, hasta que finalmente se terminó, alrededor del año 953 a.C. El lugar donde Salomón decidió establecer el templo era un lugar con un tremendo significado histórico para los israelitas.

El área del monte Moriah es donde Abraham se encontró con el sumo sacerdote Melquisedec (véase Génesis 14) y le honró pagando el primer diezmo que se registra en las Escrituras. Años después, la fe de Abraham fue seriamente probada cuando obedeció a Dios regresando al monte Moriah con Isaac para ofrecer el tan esperado hijo de la promesa al Señor como un sacrificio. (Véase Génesis 22).

Fue sobre el monte Moriah 900 años después cuando David se arrepintió de un serio pecado comprando la era de Arauna, edificando un altar sobre él y ofreciendo a Dios un sacrificio. (Véase 1 Crónicas 21:18–30; 2 Samuel 24:18–25). Algunos historiadores también creen que fue cerca del monte Moriah donde Jesús fue crucificado, lo cual serviría como cumplimiento profético de las palabras de Abraham a su hijo: "*Dios se proveerá de cordero*" (Génesis 22:8).

El monte Moriah era claramente un lugar que hablaba de sacrificio para el pueblo judío, y fue allí donde Salomón edificó este centro de sacrificio y adoración al Dios Altísimo.

"Magnífico por excelencia"

Cuando se terminó el templo, Salomón puso en su lugar todo el mobiliario y los utensilios que habían sido cuidadosamente diseñados y construidos:

> *Acabada toda la obra que hizo Salomón para la casa de Jehová, metió Salomón las cosas que David su padre había dedicado; y puso la plata, y el oro, y todos los utensilios, en los tesoros de la casa de Dios.* (2 Crónicas 5:1)

Una vez hecho esto, comenzó el servicio de adoración más asombroso que jamás se había celebrado en la tierra. *"Sacrificaron ovejas y bueyes, que por ser tantos no se pudieron contar ni numerar"* (2 Crónicas 5:6). Después, los sacerdotes y levitas llevaron el arca del pacto desde la tienda temporal que el rey David había erigido y situaron el arca en el Lugar Santísimo.

Cuando los sacerdotes salieron del Lugar Santísimo, comenzaron a tocar címbalos, a tocar instrumentos de cuerdas, arpas, trompetas y otros instrumentos musicales, mientras todos los levitas glorificaron al Señor y le alabaron con acción de gracias, y cantaron al unísono: *"Porque él es bueno, porque su misericordia es para siempre"* (2 Crónicas 5:13).

Cuando el glorioso sonido de la música y el canto se extendió por toda Jerusalén, Dios respondió a su adoración con su presencia manifiesta: *"Entonces la casa se llenó de una nube, la casa de Jehová. Y no podían los sacerdotes estar allí para ministrar, por causa de la nube; porque la gloria de Jehová había llenado la casa de Dios"* (2 Crónicas 5:13–14).

Entonces Salomón cayó de rodillas e hizo una oración apasionada dedicando el templo a Dios, la cual terminó con esta súplica:

> *Oh Jehová Dios, levántate ahora para habitar en tu reposo, tú y el arca de tu poder; oh Jehová Dios, sean vestidos de salvación tus sacerdotes, y tus santos se regocijen en tu bondad. Jehová Dios, no rechaces a tu ungido; acuérdate de tus misericordias para con David tu siervo.* (2 Crónicas 6:41–42)

Cuando Salomón terminó de orar, descendió fuego del cielo y consumió los sacrificios y las ofrendas, y la gloria del Señor llenó el templo a tal extremo que los sacerdotes no podían ni tan siquiera entrar en el edificio. Como respuesta al fuego y a la gloria, los israelitas se postraron rostro en tierra ante el Señor en adoración. (Véase 2 Crónicas 7:1–3).

Este momento fue el cumplimiento del deseo del corazón del rey David: verdaderamente el templo fue "*magnífico por excelencia, para renombre y honra en todas las tierras*" (1 Crónicas 22:5), una casa de adoración para el Dios Altísimo.

Usted pensaría que después de una experiencia tan gloriosa, poderosa y transformadora, Salomón seguiría en los pasos de su padre como un fiel adorador de Dios todos los días de su vida. Tristemente, no fue este el caso.

Primera de Reyes 11 nos cuenta la trágica historia de cómo el hombre más sabio que jamás vivió se convirtió en el mayor de los necios:

> *E hizo Salomón lo malo ante los ojos de Jehová, y no siguió cumplidamente a Jehová como David su padre. Entonces edificó Salomón un lugar alto a Quemos, ídolo abominable de Moab, en el monte que está enfrente de Jerusalén, y a Moloc, ídolo abominable de los hijos de Amón. Así hizo para todas sus mujeres extranjeras, las cuales quemaban incienso y ofrecían sacrificios a sus dioses. Y se enojó Jehová contra Salomón, por cuanto su corazón se había apartado de Jehová Dios de Israel, que se le había aparecido dos veces, y le había mandado acerca de esto, que no siguiese a dioses ajenos; mas él no guardó lo que le mandó Jehová.* (1 Reyes 11:6–10)

Lo que sigue es el comienzo del final del reinado de Salomón. En vez de preservar y mantener la gloria y el fuego en el templo a través de las generaciones de los israelitas, la rebelión de Salomón salpicó al pueblo escogido de Dios y finalmente resultó en la destrucción del templo a manos del ejército babilónico de Nabucodonosor en menos de cuatrocientos años.

Sin embargo, los detalles de su gloriosa casa de adoración para el Dios Altísimo habían sido preservados para siempre en su Palabra, primero en las direcciones explícitas que Él le dio a Moisés para la construcción del tabernáculo en el desierto (véase Éxodo 26–31, 37–40), y más adelante en el detallado bosquejo para la construcción del templo (véase 1 Reyes 6–8; 2 Crónicas 2–7).

Lo siguiente que quiero hacer es compartir con usted los detalles de las imágenes y los modelos escondidos en las Escrituras, para que usted también pueda tener una relación cada vez más íntima con el Señor.

Para profundizar

1. Piense en los momentos más poderosos de adoración que haya experimentado jamás. ¿Cómo se comparan con el servicio de adoración cuando Salomón dedicó el templo al Señor?

2. Las bendiciones de la presencia, el poder, la paz, la protección y la prosperidad de Dios están disponibles para todos los que deciden caminar en una relación de pacto obediente y llena de fe con Él. ¿Describe esto su relación con Dios?

3. ¿En qué áreas de su vida necesita conocer y experimentar más de la presencia, el poder, la paz, la protección y la prosperidad de Dios?

4. Pase tiempo con el Señor, pidiéndole que le muestre cualquier cosa que pudiera estar impidiéndole recibir sus bendiciones. Si Él le revela cualquier pecado o duda, confiéselo y luego pídale su valor, fortaleza y gracia para caminar íntimamente con Él en una relación de pacto.

9

EL COMIENZO DEL MODELO

"Y estas cosas les acontecieron como ejemplo, y están escritas para amonestarnos a nosotros".
—1 Corintios 10:11

De niños, muchos de nosotros aprendimos las historias de la escuela dominical acerca del Éxodo. Nos enseñaron cómo Dios envió a Moisés a decirle al faraón: "Deja ir a mi pueblo", y cómo Dios endureció el corazón del faraón. Nos enseñaron que Dios envió diez plagas contra el pueblo y la tierra de Egipto hasta que finalmente el faraón cedió y permitió que los israelitas se fueran. Pero hay muchas más cosas en esta historia.

La Biblia explica por qué Dios endureció el corazón del faraón:

> [Dios ordenó a Moisés decir al faraón:] *Y a la verdad yo te he puesto para mostrar en ti mi poder, y para que mi nombre sea anunciado en toda la tierra... Jehová dijo a Moisés: Entra a la*

presencia de Faraón; porque yo he endurecido su corazón, y el corazón de sus siervos, para mostrar entre ellos estas mis señales, y para que cuentes a tus hijos y a tus nietos las cosas que yo hice en Egipto, y mis señales que hice entre ellos; para que sepáis que yo soy Jehová. (Éxodo 9:16; 10:1–2)

Aunque Dios se estaba haciendo un nombre, se estaba burlando de los egipcios como una representación espiritual del mundo. ¿Sabía que la Biblia describe que, literalmente cientos de años después de que Israel saliera de Egipto, las naciones con las que Israel entró en contacto habían oído cómo Dios había liberado a su pueblo de la mano de los egipcios?

Dios es supremo

¿Por qué diez plagas? ¿Cuál es el significado? Había al menos diez dioses distintos a los cuales los egipcios veneraban y adoraban.

1. Cuando Dios usó a Moisés para convertir el agua en sangre, estaba demostrando a los egipcios que Él era mayor que Hapi, el dios del Nilo.

2. Cuando Dios mandó la plaga de ranas sobre la tierra, estaba demostrando a los egipcios que era mayor que Heket, la diosa de las ranas.

3. Cuando Dios hizo que piojos llenaran las orillas el Nilo e infectaran al pueblo egipcio, estaba demostrando a los egipcios que Él era mayor que Kheper, su dios insecto.

4. Cuando Dios mandó la plaga de moscas a cubrir la tierra, de nuevo estaba demostrando a los egipcios que Él era mayor que Kheper, su dios insecto.

5. Cuando Dios mandó una plaga contra el ganado y el ganado egipcio murió, estaba demostrando a los egipcios que Él era mayor que su dios toro, Apis.

6. Cuando Dios mandó una plaga de úlceras sobre los egipcios, estaba demostrando que Él era mayor que su dios de la medicina, Imhotep.

7. Cuando Dios mandó la plaga de granizo y fuego para destruir las cosechas de los egipcios, Él estaba demostrándoles que era mayor que Nut, la diosa del cielo.

8. Cuando Dios mandó la plaga de langostas para infestar Egipto y destruir las cosechas, estaba demostrándoles que era mayor que Min, el dios de la fertilidad y la cosecha.

9. Cuando Dios mandó la plaga de la oscuridad sobre el pueblo egipcio, estaba demostrándoles que era mayor que su dios jefe del sol: Ra.

10. Y cuando Dios envió al ángel de la muerte para matar a todo primogénito de la tierra, estaba demostrándole a faraón que Él era mayor que faraón. Mire, faraón se consideraba a *sí* mismo un dios, al igual que lo creía el pueblo egipcio; su hijo primogénito también era considerado un dios. Cuando el primogénito del faraón murió, Dios una vez mas demostró que solo Él era supremo. Egipto había golpeado al primogénito de Dios: los hijos de Israel. Ahora Dios golpearía al primogénito de Egipto.

Diez dioses falsos. Diez plagas enviadas por el Dios verdadero. Diez veces Dios demostró al pueblo que Él era más poderoso que todo lo demás a lo que ellos adoraban. Una y otra vez, Dios estaba diciendo: "Solo yo soy Dios. Fuera de mí, no hay nada".

El pueblo de Dios es distinto, apartado

Cuando estas plagas llegaron contra la tierra de Egipto, ninguna de ellas tocó la tierra donde vivían los israelitas, ni sus cosechas, ni sus animales, ni sus familias.

Dios habló en Éxodo 8:22–23, y dijo:

Y aquel día yo apartaré la tierra de Gosén, en la cual habita mi pueblo, para que ninguna clase de moscas haya en ella, a fin de que sepas que yo soy Jehová en medio de la tierra. Y yo pondré redención entre mi pueblo y el tuyo.

Esta es otra revelación del hecho de que Dios quiere que su pueblo sea apartado: santo para Él. En repetidas veces a lo largo de Éxodo, Dios enfatiza la distinción entre su pueblo y el mundo.

Dar la espalda a los demás dioses

Cuando Israel salió de Egipto, y Dios le dio a Moisés las instrucciones para construir el tabernáculo, le dijo que la entrada principal del atrio debía estar orientada al este. ¿Por qué?

El dios "más grande" al que los egipcios adoraban era el dios sol: Ra. Todos sabemos que el sol sale por el este y se pone por el oeste. Dios estaba diciendo a su pueblo: "Cuando se acerquen a mí, cuando vengan a mi presencia, deben dar la espalda a *todos* los demás dioses".

Como los egipcios, así nosotros también tenemos muchos "dioses" en nuestra vida: dinero, poder, fama, carreras, relaciones, drogas, alcohol, televisión, la Internet, o cualquier cosa que pongamos por delante de nuestra relación con Dios podría considerarse un dios en nuestra vida.

Dios dice: "Si quieres acercarte a mí, si quieres una relación íntima conmigo, si quieres experimentar y encontrar mi presencia y poder en tu vida, entonces debes dar la espalda a todos los demás dioses".

Entre en el campamento

En el primer capítulo de Números, Dios le dijo a Moisés quién (qué tribu) debía acampar y dónde (en relación con el tabernáculo). Incluso el posicionamiento de las tribus de Israel con respecto a donde debían acampar alrededor del tabernáculo tenía importancia, propósito y revelación.

El tabernáculo se tenía que instalar en el centro del campamento de Israel. Todo lo demás debía estar ubicado a su alrededor, del mismo modo que cada parte de nuestra vida debería girar en torno a Dios: el centro.

Moisés y Aarón debían acampar lo más cerca de la entrada este del tabernáculo, seguidos de las tribus de Judá, Isacar y Zabulón. Estas tribus guardaban la entrada al tabernáculo. Un observador informal podría decir: "No es la gran cosa; tenían que acampar en algún lugar". Sin embargo, hay algo más que Dios nos está diciendo.

Los integrantes de la tribu de Judá montaron sus tiendas lo más cerca de los campamentos de Moisés y Aarón. Muchos de nosotros estamos familiarizados con el significado de la palabra *Judá*: "Que Dios sea alabado". El nombre *Isacar* significa "Él dará recompensa". La Biblia dice de la tribu de Isacar que eran hombres que entendían los tiempos y sabían lo que hacer. (Véase 1 Crónicas 12:32). Y el nombre *Zabulón* significa "morada, habitación".

Que nosotros seamos sacerdotes de Dios que entendemos los tiempos en que vivimos y sabemos lo que hacer. Que llevemos con nosotros nuestra recompensa para Dios; que le alabemos; ¡que entremos en su morada y habitación!

La infraestructura y el perímetro del tabernáculo

Los números son importantes para Dios, y Él los imparte con significado a través de las Escrituras. Dios es un Dios de diseño, plan y propósito, una verdad que se evidencia claramente en el simbolismo que hay en el diseño y la construcción del tabernáculo.

El tabernáculo estaba compuesto por tres secciones: los atrios, el lugar santo y el Lugar Santísimo. En capítulos posteriores exploraremos los misterios ocultos en estas áreas. Por ahora, veamos los siguientes detalles numéricos:

- La infraestructura del tabernáculo estaba compuesta por cuarenta y ocho tableros recubiertos de oro, y estos tableros descansaban sobre noventa y seis receptáculos de plata. Podríamos decir muchas cosas del significado que hay detrás de las explícitas instrucciones de Dios para la construcción del tabernáculo: el número de tableros, los receptáculos, el significado detrás del oro y de la plata; pero por causa del viaje, voy a dejar gran parte de esto para otra ocasión.
- El perímetro del tabernáculo era de cincuenta codos de ancho por cien codos de largo, o aproximadamente veinticinco metros de ancho por cincuenta metros de largo. Formando el perímetro había telas de lino fino de cinco codos de alto, o aproximadamente dos metros y medio de alto. El perímetro servía como demarcación entre el pueblo y el lugar de servicio y adoración, así como de la misma presencia de Dios.
- El perímetro lo sostenían sesenta columnas, con plata en la parte superior y bronce en la base. Cada una de las columnas se sostenía con ayuda de dos cuerdas, ancladas al suelo para sujetar la estructura exterior. Sesenta era también el número de hombres en el linaje desde Adán a Jesucristo. (Véase Mateo 1:1-16; Lucas 3:23–38).
- Había ciento veinte cuerdas sosteniendo los sesenta postes. Antes del diluvio, Dios le dio a la humanidad ciento veinte años para arrepentirse. (Véase Génesis 6:3). Moisés tenía ciento veinte años cuando murió. (Véase Deuteronomio 34:7). En 2 Crónicas 5:11–14, hay una referencia a ciento veinte sacerdotes tocando ciento veinte trompetas de plata. Y había ciento veinte personas en el aposento alto el día de Pentecostés. (Véase Hechos 1:6–15).

Según la tradición judía, a las cuerdas se les llamaba *manos* y tenían nombres, la Palabra y el Espíritu. Son las "manos" de la Palabra y el Espíritu lo que sostiene nuestra vida. Sin ambos, seríamos inestables y podríamos caernos.

El número de columnas, postes, cuerdas, receptáculos, oro, plata y bronce, así como las dimensiones de las entradas, todo tiene misterios y revelaciones tremendas. El tiempo no nos permite una explicación a fondo de todo esto en este libro, pero en el próximo capítulo compartiré con usted el significado de las puertas.

Para profundizar

1. Después de haber leído acerca de los diez dioses que adoraban los egipcios, y probablemente habría muchos más de diez, medite en qué "dioses" falsos podría usted estar adorando en su vida. Podrían ser cosas materiales, relaciones, ataduras emocionales, patrones de pensamiento erróneos o adicciones: cualquier cosa que usted pudiera estar exaltando por encima del único Dios verdadero, ya sea consciente o inconscientemente.

2. Ahora, haga una lista escrita de sus "dioses", pidiendo al Espíritu Santo que revele qué hay en verdad en su corazón. ¡Sea valiente!

3. Dios nos ha ordenado: "*No tendrás dioses ajenos delante de mí*" (Éxodo 20:3). Él deja claro que sus juicios y bendiciones están unidos a nuestra desobediencia u obediencia a este mandamiento, respectivamente. (Véase Éxodo 20:3–6). ¿Está listo para arrepentirse de cualquier cosa o persona a la que usted haya exaltado en su mente y corazón por encima de Dios? Sea sincero ante el Señor y con usted mismo.

4. Pase tiempo ahora hablando con el Señor y confesando cualquier lucha que pudiera tener con falsos dioses. Después de arrepentirse, clame pidiendo su misericordia y gracia para ayudarle a obedecer su mandato de no tener otros dioses delante de Él. Después, ¡alábele y exáltele como el único Dios verdadero!

10

GUARDE SUS PUERTAS

"Hice pacto con mis ojos".
—Job 31:1

En el capítulo 6 compartí con usted que Dios había enterrado imágenes y modelos en la Escritura para que nosotros los descubriésemos. Aunque sería más fácil sentarse y leer todas las grandes historias de la Biblia, descubrimos las vastas riquezas enterradas en su Palabra solo cuando minamos para encontrar el "oro" escondido.

En los siguientes capítulos, examinaremos juntos el significado que hay detrás de las profundas verdades espirituales encontradas en la realidad natural del tabernáculo de Moisés en el desierto. Juntos veremos la estructura de los atrios, el lugar santo y el Lugar Santísimo, junto a su contenido, a medida que exploramos cómo revelan un camino sorprendente a la presencia de Dios y su diseño para nuestra vida.

Quiero que tenga esto en mente mientras hacemos una pausa por un momento para ver el templo de Salomón y las puertas que había en las paredes que rodeaban esta santa casa de sacrificio y adoración. Ahora, quizá se pregunte: *¿Puertas? ¿Qué tienen que ver unas puertas con tener una relación íntima con el Señor?*

El salmista declaró: "*Entrad por sus puertas con acción de gracias, por sus atrios con alabanza; alabadle, bendecid su nombre*" (Salmos 100:4). El camino a la intimidad de la presencia de Dios comienza entrando por sus puertas con su nombre en nuestros labios y su alabanza en nuestro corazón.

Una puerta contra cinco

Como destaqué antes, el tabernáculo de Moisés en el desierto fue el predecesor del templo de Salomón. Aunque el plano del tabernáculo y del templo son casi idénticos, existen algunas diferencias. Una de las principales distinciones tiene que ver con las entradas.

El tabernáculo de Moisés tenía solo una entrada por la que se podía acceder a los atrios. La imagen que se nos dibuja en este detalle es clara: hay solo una manera en que podemos entrar a tener una relación íntima con nuestro Padre celestial.

Jesús dijo: "*Yo soy el camino, y la verdad, y la vida; nadie viene al Padre, sino por mí*" (Juan 14:6). Si queremos llegar a Dios, debemos entrar por la única "puerta" que Él ha provisto: Jesucristo.

En la pared que rodeaba el templo de Salomón, sin embargo, había cinco puertas. Los arqueólogos bíblicos las han nombrado Puerta de Barclay, la Puerta Doble, la Puerta Triple, la Puerta de Warren y la Puerta Este.

¿Por qué cinco? ¿Por qué no solo una entrada, como en el tabernáculo?

Una razón práctica para tener más puertas podría haber sido que el número de los israelitas había aumentado exponencialmente desde los tiempos en que adoraban a Dios en el desierto. Cuando se reunían de todas las naciones para adorar en el templo en Jerusalén, había más de cinco veces el número de israelitas, y por eso probablemente necesitaban cinco veces más la cantidad de entradas para acomodar a la multitud que llegaba a ofrecer sus sacrificios y adorar.

Otra razón podría haber sido que el templo de Salomón, y el área que lo rodeaba, era mucho mayor que los atrios del tabernáculo de Moisés. Esto, también, necesitaría más entradas. Aunque solo podemos conjeturar sobre el razonamiento de Salomón en lo natural, meditemos en el significado espiritual detrás del las cinco puertas de los muros del templo.

Sabemos que además del modelo del tabernáculo que Dios le dio a Moisés y que encontramos en la Torá, el rey David recibió revelación adicional del Espíritu Santo con respecto a cómo Salomón debía construir el templo, como nos indica alguna versión en inglés de la Biblia. (Véase 1 Crónicas 28:11–12).

Como Dios reveló los planes para el templo directamente a David, podemos suponer con seguridad que el muro tenía cinco puertas que guiaban al monte del templo simplemente porque Dios *quiso* que tuviera cinco puertas. La pregunta es: ¿por qué?

Atalayas en los muros

Las responsabilidades de los cientos de sacerdotes que servían en el templo eran variadas, y en futuros capítulos daré más detalles acerca de algunas de sus tareas diarias. Por ahora, quiero enfocarme exclusivamente en esos sacerdotes que estaban a cargo de las puertas del templo.

Lo primero que hacían estos sacerdotes en la mañana era abrir las cinco puertas, y lo último que hacían en la noche era cerrarlas. Noche y día, había turnos de sacerdotes asignados para hacer guardia sobre los muros del templo y las puertas. Estos vigilantes tenían tres responsabilidades principales:

1. Prohibir que entrara nada impío.

2. Tocar las trompetas como advertencia si se acercaba el enemigo.

3. Cerrar las puertas para impedir que el enemigo entrase y proteger al pueblo.

Los atalayas sabían que estas cinco puertas eran puntos de vulnerabilidad a través de los cuales podía entrar el enemigo y potencialmente profanar o destruir el templo. En caso de que los atalayas abdicasen de sus posiciones o se durmieran mientras hacían guardia, las consecuencias podían ser inmediatas y severas.

Según la antigua enseñanza judía, si un sacerdote del templo se dormía mientras estaba de turno, las consecuencias eran severas: o bien era golpeado o avergonzado desnudándole y quemándole su ropa. Jesús hizo alusión a las consecuencias de dormirse mientras se estaba de guardia cuando dijo: *"He aquí, yo vengo como ladrón. Bienaventurado el que vela, y guarda sus ropas, para que no ande desnudo, y vean su vergüenza"* (Apocalipsis 16:15).

Entonces, ¿cuál es la lección que Dios quiere que aprendamos en el modelo de las cinco puertas del templo de Salomón y los atalayas del muro? Para responder a esta pregunta, veamos los siguientes dos pasajes de la Escritura, uno que escribió el apóstol Pablo a los creyentes de Corinto, y otro que Pedro, el discípulo de Jesús, escribió a los cristianos que vivían en Asia Menor.

Pablo instó a los creyentes...

> *Huid de la fornicación. Cualquier otro pecado que el hombre cometa, está fuera del cuerpo; mas el que fornica, contra su propio cuerpo peca. ¿O ignoráis que vuestro cuerpo es templo del Espíritu Santo, el cual está en vosotros, el cual tenéis de Dios, y que no sois vuestros? Porque habéis sido comprados por precio; glorificad, pues, a Dios en vuestro cuerpo.*
>
> (1 Corintios 6:18–20)

Y Pedro escribió:

> *Vosotros también, como piedras vivas, sed edificados como casa espiritual y sacerdocio santo, para ofrecer sacrificios espirituales aceptables a Dios por medio de Jesucristo.* (1 Pedro 2:5)

¿Ve los asombrosos paralelismos entre las puertas del templo y nosotros, como creyentes?

- El templo era la morada para el Espíritu Santo de Dios en el campamento de los israelitas. Ahora, como creyentes, nosotros somos la morada del Espíritu Santo de Dios.
- El tabernáculo y el templo tenían tres secciones principales: los atrios, el lugar santo y el Lugar Santísimo. Nuestro tabernáculo, o templo, también tiene tres secciones: cuerpo, alma y espíritu.
- Los sacerdotes eran responsables de guardar y proteger el templo. Ahora, nosotros somos los sacerdotes responsables de guardar y proteger el "templo" de nuestro cuerpo.
- El templo tenía cinco puertas, ¡y nosotros también! Por "puertas" me refiero a los orificios y partes del cuerpo a través de los cuales ejercitamos nuestros cinco sentidos: ojos, oídos, dedos/manos, nariz y boca.

La única manera de acceder al templo era entrar a través de una de las cinco puertas en los atrios. Después, si usted era sacerdote, pasaba a través de los atrios hacia el lugar santo, y si era sumo sacerdote, entraba al Lugar Santísimo. Del mismo modo, "tenemos acceso" a través de una de las cinco "puertas" de nuestro cuerpo, y luego a través de nuestra alma y finalmente a través de nuestro espíritu.

Es a través de nuestras cinco "puertas" como funcionan nuestros cinco sentidos, y mediante ellos vemos, oímos, tocamos, olemos y gustamos. Como sacerdotes ordenados por Dios sobre nuestro propio cuerpo, nuestra tarea es ser atalayas sobre los muros de nuestro propio "templo". Como los sacerdotes del templo, es responsabilidad nuestra...

1. Prohibir que nada inmundo entre.
2. Dar el aviso cuando se acerque el enemigo.
3. Cerrar las puertas para protegernos del enemigo.

Tristemente, la mayoría de nosotros no hemos hecho un buen trabajo guardando nuestras propias puertas. Hemos...

- Mirado cosas que definitivamente no deberíamos haber visto.
- Escuchado cosas que no nos correspondía oír.
- Tocado cosas que claramente no debíamos haber tocado.
- Consumido cosas que Dios nunca quiso que probásemos, y mucho menos que comiésemos.
- Dicho palabras que nunca deberían haber salido de nuestra boca.

Y nos preguntamos por qué estamos enfermos, pobres, desdichados y ciegos. Es porque no hemos vigilado como sacerdotes sobre nuestras cinco puertas y nuestro templo: hemos permitido que el enemigo acampe en nuestra vida. Pero Dios nos ha llamado a ser sacerdotes y atalayas sobre los muros de nuestro templo. ¡Él nos ha llamado a hacer guardia contra el enemigo!

Guarde sus puertas

Nuestro corazón y nuestra mente están influenciados, consciente o subconscientemente, por todo lo que pase por las puertas de nuestros ojos, oídos, manos, nariz y boca. No guardar diligentemente las puertas de nuestro templo ha tenido consecuencias desastrosas para nosotros, nuestras familias, nuestro país, y finalmente, para otras naciones del mundo. Esto se debe a que cualquier cosa o persona que controle nuestro pensamiento también gobierna los principios por los que vivimos.

Las puertas de nuestros ojos y oídos probablemente tienen el mayor impacto sobre nuestra vida. Las palabras e imágenes que vemos y oímos constantemente, ya sean positivas o negativas, entran por nuestras puertas y se incrustan en nuestro corazón y mente con muy poco esfuerzo por nuestra parte.

Según las Escrituras, somos un reflejo de lo que pensamos en nuestro corazón: "*Porque cual es su pensamiento* [de una persona] *en su corazón, tal es él"* (Proverbios 23:7). Esas cosas a las que nos exponemos continuamente finalmente determinarán lo que creemos, cómo pensamos, las decisiones que tomamos y cómo vivimos.

Personalmente, no creo que nada haya influenciado nuestros pensamientos y acciones más en los últimos cincuenta años que la televisión. Más recientemente, otras formas de medios de comunicación han surgido, como la Internet y la televisión por cable y satélite. Juntos, han tenido un impacto alarmante sobre nuestros valores, creencias, moralidad y conductas.

¿Por qué y cómo las diversas formas de medios de comunicación ejercen tanto control sobre nosotros? Pablo era un hombre que pensaba hacia delante. Medite en lo que escribió a los creyentes de Éfeso:

> *Y él os dio vida a vosotros, cuando estabais muertos en vuestros delitos y pecados, en los cuales anduvisteis en otro tiempo, siguiendo la corriente de este mundo, conforme al* ***príncipe de la potestad del aire****, el espíritu que ahora opera en los hijos de desobediencia... Porque no tenemos lucha contra sangre y carne, sino contra principados, contra potestades, contra los gobernadores de las tinieblas de este siglo, contra huestes espirituales de maldad en las regiones celestes.* (Efesios 2:1–2; 6:12)

Pablo estaba diciendo que las batallas que peleamos en esta vida no se pelean en el mundo natural, sino que realmente son espirituales.

Cuando unimos todo esto, podemos ver que nuestra conducta, valores, creencias y, finalmente, nuestra relación con Dios, son el resultado de lo que hemos permitido que pase a través de las puertas de nuestros sentidos naturales a nuestro espíritu. O bien seremos influenciados por Dios y su reino o por Satanás, que es el *"príncipe de la potestad del aire"*.

Limpie el aire

Un *príncipe* es un tipo de gobernante. Según Efesios 2:2, Satanás está gobernando el aire y el poder que hay en él. ¿Por qué? Porque entiende que quien gobierna el aire gobierna la tierra. Por eso, ha establecido su sede en el aire y se ha proclamado a sí mismo "*príncipe*" sobre él.

¿Y qué hay en el aire? Ondas de sonido, ondas de luz, microondas, radiofrecuencias, señales de satélites, transmisiones de programas, transmisiones inalámbricas, y cosas así. Eso es lo que usan los medios de comunicación para enviar mensajes poderosos por todo el mundo. La palabra *medios* significa "mitad", y la triste verdad es que los medios...

- Están entre la fuente de los mensajes y quienes los reciben.
- Actúan como conducto para llevar el mensaje desde donde proviene a la persona que lo ve, oye o lee.
- Son una de las herramientas más efectivas en el arsenal de Satanás contra la humanidad.

Satanás sabe que quien controle los medios: música, televisión, películas, periódicos, revistas, la Internet, etc., gobernará nuestro corazón. Por eso los anunciantes gastan miles de millones de dólares cada año en campañas de publicidad para influenciar nuestros pensamientos y decisiones.

Lo que en tiempos llamábamos "moralmente inaceptable" es ahora retransmitido en horario de máxima audiencia en la televisión cada noche. Lo que la Biblia llama "pecado" ahora se considera "un estilo de vida alternativo". Cualquier esfuerzo por defender los principios bíblicos se etiqueta de "censura" e "intolerancia".

El enemigo está decidido a controlar las imágenes y sonidos que se retransmiten hasta nuestros hogares, y por eso, los mensajes oscuros de los medios de comunicación han rasgado la estructura de la sociedad. El objetivo de Satanás es llenar las ondas del aire de violencia, perversidad e inmoralidad, para así poder franquear las "puertas" de nuestros ojos y oídos, obteniendo así el acceso a nuestro corazón y nuestra mente, en su intento de robar, matar y destruir nuestra vida. (Véase Juan 10:10).

Los mensajes vistos y oídos mediante los medios moldean nuestra mente y nuestro corazón para bien o para mal, y cada familia se ha visto afectada por la oscuridad espiritual que intenta invadir nuestros hogares. Cada vez que encendemos la televisión, escuchamos la radio o usamos la Internet, estamos invitando potencialmente esta batalla espiritual a nuestro hogar.

Por eso es imperativo que guardemos las puertas de nuestro propio templo, y como padres y abuelos, que guardemos las puertas del templo de nuestros hijos y nietos, contra los avances del enemigo.

Trágicamente, la mayoría de nosotros nos hemos insensibilizado a esta oscuridad espiritual. En vez de ser atalayas sobre el muro, muchos de nosotros hemos abierto las puertas de nuestros ojos y oídos de par en par, invitando al enemigo a entrar y a sentirse como en casa. Nos hemos vuelto como la rana del proverbio que nada tranquilamente en el balde de agua que se calienta gradualmente en el fuego. La rana no se da cuenta de que se está hirviendo hasta que es demasiado tarde para reaccionar.

Del mismo modo, la estrategia mediante la cual el enemigo nos insensibiliza ante el mal que nos rodea es gradual y sutil. La primera vez que somos expuestos a algo impío, nos repugna. La segunda vez, reaccionamos de manera negativa, pero ya no nos impacta tanto. La tercera vez, vemos un poco más. La cuarta vez, lo vemos al completo. La quinta vez, estamos usando la televisión para ver contenido violento o lujurioso para entretenernos y excitarnos.

Antes de que nos demos cuenta, la oscuridad de los medios ha penetrado por las puertas de nuestros ojos y oídos y se ha infiltrado en nuestro corazón y nuestra mente. Así es como Satanás usa sus poderes seductores del aire. Como los guardias del templo, debemos estar despiertos y no dormirnos en el trabajo para que no nos avergüence el enemigo.

Tape sus ojos

No conozco a ningún padre que contrate conscientemente como canguro de sus hijos a una persona con un vocabulario soez o que falte al respeto abiertamente a la autoridad; alguien que hable, actúe y vista de una forma sexualmente agresiva. Sin embargo, eso es exactamente lo que hacemos cuando permitimos que formas negativas de medios de comunicación entretengan y ocupen el tiempo y la atención de nuestros hijos. Estudios alarmantes revelan que...

- Cuando se gradúe de la secundaria, el niño promedio habrá visto unas 18.000 horas de televisión.
- El niño promedio en los Estados Unidos será testigo de la asombrosa cifra de 200.000 actos violentos en televisión cuando tenga dieciocho años.
- Más de 300.000 páginas web pornográficas ahora apuntan *específicamente* a niños y adolescentes.
- En promedio, los niños pasan 6,5 horas al día viendo televisión, la Internet, juegos digitales, radio y reproductores de MP3 o iPods.
- Cuando terminen la escuela primaria, la mayoría de los niños habrá pasado más tiempo viendo la televisión ¡que el que pasarán con sus padres durante el transcurso de toda su vida!

El impacto de estas estadísticas es devastadoramente claro. Las familias se están deshaciendo debido al divorcio, el abuso de drogas, el embarazo adolescente, aborto, crimen, violencia, odio y muchas cosas más. Lo que antes era un espíritu de las tinieblas invasor ahora se ha convertido en un espíritu de las tinieblas residente.

La raíz del problema es que, a diferencia de Job y David, la mayoría de nosotros no hemos hecho un "pacto con nuestros ojos". Job sabía que, para evitar la tentación, tenía que guardar la puerta de sus ojos:

> *Hice pacto con mis ojos; ¿cómo, pues, había yo de mirar a una virgen? Porque ¿qué galardón me daría de arriba Dios, y qué heredad el Omnipotente desde las alturas? ¿No hay quebrantamiento para el impío, y extrañamiento para los que hacen iniquidad?* (Job 31:1–3)

David también juró:

> *No pondré delante de mis ojos cosa injusta. Aborrezco la obra de los que se desvían; Ninguno de ellos se acercará a mí. Corazón perverso se apartará de mí; no conoceré al malvado.*
>
> (Salmos 101:3–4)

David había experimentado de primera mano las desastrosas consecuencias de no ser diligente en guardar la puerta de sus ojos cuando su mirada le condujo a una aventura de adulterio con Betsabé. (Véase 2 Samuel 11).

Debemos guardar nuestras cinco puertas y rehusar admitir que nada impío entre en nuestro cuerpo, alma o espíritu. Cuando el Espíritu Santo nos advierta del avance del enemigo, debemos responder de inmediato truncando el acceso a nuestro corazón y nuestra mente. Como Job y David, debemos jurar no ver, escuchar, oler, tocar o probar nada que sea desagradable a Dios y desobedezca su Palabra.

¿Cómo decidimos a qué *deberíamos* permitir el acceso a nuestro corazón y nuestra mente? ¡Es fácil!

> *Por lo demás, hermanos, todo lo que es verdadero, todo lo honesto, todo lo justo, todo lo puro, todo lo amable, todo lo que es de buen nombre; si hay virtud alguna, si algo digno de alabanza, en esto pensad.* (Filipenses 4:8)

Sacerdotes proactivos

Dios nos ha llamado a cada uno a ser el sacerdote de nuestro propio templo. ¡No somos víctimas! Al decidir guardar nuestras puertas y estar firmes contra las tentaciones de Satanás, él se verá impotente para usar los medios de comunicación o cualquier otra cosa para influenciar nuestra conducta, nuestros valores, nuestras creencias y nuestra relación con Dios.

No estar firme contra las estrategias de Satanás no solo produce un desastre en nuestras vidas, sino que también nos bloquea e impide experimentar intimidad con el Señor. Dios es santo, y Él requiere santidad de todos los que desean pasar tiempo en su presencia.

> *Como hijos obedientes, no os conforméis a los deseos que antes teníais estando en vuestra ignorancia; sino, como aquel que os llamó es santo, sed también vosotros santos en toda vuestra manera de vivir.* (1 Pedro 1:14–15)

La única manera en que podemos ser hechos santos es mediante la sangre de Jesucristo, lo cual trataremos en mayor detalle en el próximo capítulo. Por ahora, baste con saber que una vez que la sangre de Jesús cubre y purifica nuestra naturaleza pecadora, somos responsables delante de Dios de mantener nuestra pureza mediante nuestras decisiones y acciones.

> *¿Quién subirá al monte de Jehová? ¿Y quién estará en su lugar santo? El limpio de manos y puro de corazón; el que no ha elevado su alma a cosas vanas, ni jurado con engaño. El recibirá bendición de Jehová, y justicia del Dios de salvación.*
> (Salmos 24:3–5)

Tenga en mente, sin embargo, que todos los esfuerzos por mantener nuestra pureza simplemente vigilando nuestras puertas celosamente al final se convertirá en nada más que un esfuerzo religioso e intentos en vano por obedecer reglas autoimpuestas, y según la Palabra de Dios, esforzarse por obedecer leyes religiosas finalmente produce como resultado el fracaso. (Véase Romanos 7). Sin embargo, cuando nosotros...

- confiamos en Dios y su Palabra para vencer la tentación (véase Salmos 119:11),
- sabemos que Él nos librará de toda tentación (véase Mateo 6:13),
- confiamos en que Cristo en nosotros es nuestra esperanza de gloria (véase Colosenses 1:27),
- creemos que todo lo podemos en Cristo que nos fortalece (véase Filipenses 4:13),

- nos esforzamos por caminar en el poder del Espíritu Santo (véase Gálatas 5:16),
- resistimos al diablo para que huya de nosotros (véase Santiago 4:7),
- y decidimos glorificar a Dios en nuestro cuerpo (véase 1 Corintios 6:19–20),

... entonces estamos preparados para continuar en el camino que lleva a la gloriosa e íntima presencia de Dios, caminando solamente en la justicia de Jesucristo.

Sigamos ahora en nuestro viaje y descubramos cómo el poder milagroso de la sangre de Jesús es vital en nuestra búsqueda de intimidad con Él.

Para profundizar

1. Cuando usted crecía, ¿cuán eficaces eran sus padres, abuelos y otros guardianes como atalayas sobre el muro para proteger sus cinco puertas del acceso del enemigo? ¿De qué forma tuvo eso un impacto sobre usted?

2. ¿Cuán eficaz ha sido usted como adulto a la hora de servir como sacerdote de su templo? ¿Ha decidido persistentemente glorificar a Dios con su cuerpo?

3. ¿Qué siente que el Espíritu Santo le pueda estar guiando a hacer para ser más diligente a la hora de guardar sus puertas?

4. Lea y medite en los siguientes pasajes: Salmos 119:9–16; Gálatas 5:16–25; Santiago 4:7–10; 1 Corintios 6:18–20.

5. Pase algún tiempo hablando con el Señor acerca de lo que puede hacer para servirle más fielmente como sacerdote de su templo. Pida al Espíritu Santo que le revele las maneras en que ha sido negligente a la hora de hacer esto, y luego arrepiéntase. Finalmente, dé gracias a Dios por guiarle en su camino a la intimidad.

11

¡HAY PODER EN LA SANGRE!

"He aquí el Cordero de Dios, que quita el pecado del mundo".
—Juan 1:29

Desde el comienzo mismo de la relación de Dios con el hombre, Él ordenó el poder de un sacrificio de sangre. Abel fue parte de la primera familia, y Dios se agradó cuando le llevó un sacrificio de su rebajo de ovejas: *"Y Abel trajo también de los primogénitos de sus ovejas, de lo más gordo de ellas. Y miró Jehová con agrado a Abel y a su ofrenda"* (Génesis 4:4).

A medida que la relación de pacto de Dios con su pueblo profundizaba y se expandía a través de las generaciones, los sacrificios de sangre continuaron estando en el centro de su adoración. Noé, Abraham, Isaac y Jacob, todos ellos honraron a Dios con sacrificios de sangre; y aunque todos ellos fueron importantes, el sacrificio de sangre más importante del Antiguo Testamento fue la muerte del cordero de la Pascua.

Salvado por la sangre de un cordero

Aunque Dios había usado a Moisés y Aarón para producir nueve plagas terribles sobre los egipcios, el faraón aún rehusaba dejar ir a los israelitas. Por lo tanto, Dios ordenó una décima plaga: la muerte de todo primogénito de Egipto. Nadie escaparía de este juicio terrible salvo aquellos judíos que obedecieran cuidadosamente las instrucciones de Dios:

> *Y Moisés convocó a todos los ancianos de Israel, y les dijo: Sacad y tomaos corderos por vuestras familias, y sacrificad la pascua. Y tomad un manojo de hisopo, y mojadlo en la sangre que estará en un lebrillo, y untad el dintel y los dos postes con la sangre que estará en el lebrillo; y ninguno de vosotros salga de las puertas de su casa hasta la mañana. Porque Jehová pasará hiriendo a los egipcios; y cuando vea la sangre en el dintel y en los dos postes, pasará Jehová aquella puerta, y no dejará entrar al heridor en vuestras casas para herir.* (Éxodo 12:21–23)

Así como Dios había advertido, a medianoche, todo primogénito de cada casa y de todo ganado de la tierra moriría, desde la casa del faraón hasta los prisioneros de la cárcel. (Véase Éxodo 12:29). Solo aquellos que estuvieran protegidos por la sangre del cordero pascual serían salvos.

Dios instituyó la Pascua como una celebración eterna cuando habló estas palabras: "*Y este día os será en memoria, y lo celebraréis como fiesta solemne para Jehová durante vuestras generaciones; por estatuto perpetuo lo celebraréis*" (Éxodo 12:14). Desde esa misma noche, los judíos y creyentes fieles de todo el mundo han guardado la fiesta de la Pascua para conmemorar la noche en la que Dios "pasó" de sus hogares y familias, librándoles de la plaga de la muerte.

Años después, cuando Dios ordenó a Moisés que construyera el tabernáculo y su contenido según el modelo que Él había provisto (véase Éxodo 25:30), instituyó sacrificios de sangre como parte de la adoración diaria de los israelitas. Dios dejó claro a los israelitas por qué los sacrificios de sangre eran un requisito:

> *Porque la vida de la carne en la sangre está, y yo os la he dado para hacer expiación sobre el altar por vuestras almas; y la misma sangre hará expiación de la persona.* (Levítico 17:11)

La palabra hebrea para *"expiación"* es *chaphar*, que significa "cubrir, reconciliar, aplacar, purgar o limpiar". La santidad de Dios requiere un sacrificio de sangre para "cubrir" el pecado. Como la sangre contiene la esencia de la vida, su valor no se puede enfatizar en exceso.

Continuemos ahora en nuestro camino a la intimidad de la presencia de Dios y pasemos por las puertas hacia los atrios del tabernáculo de Moisés en el desierto, el cual, como descubrirá, era un lugar muy sangriento.

El altar de bronce en lo natural

Los atrios del tabernáculo eran un largo rectángulo que medía 100 codos de longitud por 50 codos de anchura y 5 codos de altura (su planta era aproximadamente de 3.500 metros cuadrados), formado por cortinas que colgaban de cuerdas suspendidas sobre pilares. Dios diseñó el tabernáculo para que fuese portátil, a fin de que pudieran desmantelarlo y transportarlo cuando los israelitas viajaban por el desierto.

Cuando el pueblo entraba en los atrios, lo primero que veían era el altar de bronce. Según las instrucciones de Dios en Éxodo 27:1–8, el altar…

- era de acacia, una madera muy robusta y duradera.
- estaba recubierto de bronce.
- medía unos dos metros de largo por dos metros de ancho y un metro y medio de hondo.

El altar de bronce tenía…

- un enrejado de bronce en el interior, sobre el que se colocaba el sacrificio.

- utensilios de bronce hechos específicamente para usar con el altar.
- cuatro cuernos en cada una de las cuatro esquinas superiores.
- un anillo en cada una de las cuatro esquinas, con dos varas insertadas en ellos, para transportar el altar por el desierto.
- un fuego que ardía continuamente.

Levítico 1–7 describe cinco tipos distintos de ofrendas que se sacrificaban a Dios en el altar de bronce, cuatro de las cuales eran sacrificios de sangre. Dos de estas cinco ofrendas eran obligatorias y se ofrecían como expiación por los pecados del pueblo: la ofrenda por el pecado y la ofrenda por la transgresión.

Cuando se requería expiación por el pecado, el varón cabeza de familia llevaba un cabrito o un cordero sin defecto a los sacerdotes. (Véase Levítico 4:27–35; 5:5–13). Antes de matarlo, se ataba al animal a uno de los cuernos del altar, y la persona que había llevado la ofrenda ponía sus manos sobre la cabeza del animal, simbolizando que sus pecados y los pecados de su familia eran transferidos a ese sacrificio de sangre.

Tras matar al animal, si era una ofrenda por el pecado, el sacerdote mojaba su dedo en la sangre y lo aplicaba a los cuernos del altar. Si era una ofrenda por la transgresión, la sangre se salpicaba sobre el costado del altar. La sangre restante de ambas ofrendas era derramada sobre la base del altar. El cabrito o cordero entonces se colocaba sobre el altar y se asaba, para que los sacerdotes pudieran comer la carne.

La palabra hebrea para *sacerdote* es *kohen*, que significa "oficiar". Los sacerdotes pasaban sus vidas sirviendo a Dios y atendiendo las responsabilidades del tabernáculo, y finalmente, del templo. Tenían que oficiar los sacrificios y ofrecer la sangre a Dios para cubrir así los pecados del pueblo. Si no hubiera habido sacrificios de sangre, no se habría necesitado un altar, ni un tabernáculo y tampoco habría habido necesidad de tener sacerdotes. Todo en el tabernáculo giraba en torno a los sacrificios de sangre ofrecidos ahí durante el día.

Según Éxodo 29:38–42, los sacerdotes comenzaban los sacrificios rituales diarios matando un cordero como ofrenda de pecado para el Señor y quemándolo en el altar de bronce. Los sacrificios seguían durante toda la mañana y la tarde, hasta el último sacrificio del día, que era otro cordero dado como ofrenda por el pecado.

El ajetreo de la actividad, el ruido de todos los animales, el hedor de la sangre y el olor de la carne quemada debían de ser abrumadores. Por difícil que nos pueda resultar entenderlo en el siglo XXI, los sacrificios de sangre realizados en los atrios del tabernáculo fueron un paso vital en el camino que lleva al Lugar Santísimo, donde residía la presencia de Dios.

Ahora que hemos visto la imagen natural del altar de bronce y los sacrificios de los atrios que allí se realizaban, profundicemos más para descubrir el "oro" de su significado espiritual.

Una mirada más de cerca al altar de bronce

Una de las responsabilidades diarias del sacerdote era limpiar las cenizas de los sacrificios quemados el día anterior. Esto era necesario porque el fuego nunca podía extinguirse, y las cenizas acumuladas podían impedir que el oxígeno llegara al fuego y este ardiera con normalidad. Demasiadas cenizas extinguirían la llama porque el fuego no podría "respirar".

¿Cuál es la imagen espiritual que Dios quiere que veamos aquí?

Las cenizas del día anterior del altar de bronce representan el pasado. Muchos no hemos retirado las "cenizas" de nuestro pasado del altar de nuestras vidas. Seguimos teniendo amargura, enojo y resentimiento por heridas pasadas, y rehusamos retirarlas al aferrarnos fuertemente al rencor que acarreamos por ofensas del pasado.

Mediante el modelo del altar de bronce, Dios nos está diciendo: "Remueva esas cenizas muertas. Permite que mi amor sane tu dolor. Perdona a aquellos que te han herido y dañado. Arrepiéntete de tu falta de perdón. Cúbrelo todo con la sangre del sacrificio de mi Hijo, para que el aliento de mi Espíritu Santo pueda soplar otra vez sobre la llama de tu corazón".

Cuando usted decide perdonar, arrepentirse y soltar el pasado, el amor de Dios, la poderosa sangre de Jesucristo y el gentil viento del Espíritu Santo le llevarán a un lugar de libertad en Él que nunca antes ha experimentado. Su gozo y paz inundarán su alma, y será libre para avanzar por su camino hacia la presencia de Dios.

El significado espiritual de los cuatro lados del altar

Como describe Éxodo 27, el altar de bronce tenía cuatro lados, y quiero que veamos con más detalle la imagen espiritual que creo que estos cuatro lados simbolizan para nosotros hoy.

1. El primer lado del altar representa el perdón de nuestros pecados pasados.

   > *Por cuanto todos pecaron, y están destituidos de la gloria de Dios, siendo justificados gratuitamente por su gracia, mediante la redención que es en Cristo Jesús, a quien Dios puso como propiciación por medio de la fe en su sangre, para manifestar su justicia, a causa de haber pasado por alto, en su paciencia, los pecados pasados.* (Romanos 3:23–25)

2. El segundo lado del altar de bronce representa nuestra vieja naturaleza, el "viejo hombre", que ha muerto.

   > *Sabiendo esto, que nuestro viejo hombre fue crucificado juntamente con él, para que el cuerpo del pecado sea destruido, a fin de que no sirvamos más al pecado.* (Romanos 6:6)

   > *De modo que si alguno está en Cristo, nueva criatura es; las cosas viejas pasaron; he aquí todas son hechas nuevas.* (2 Corintios 5:17)

3. El tercer lado del altar de bronce representa la ruptura del poder del pecado sobre nosotros.

> *Porque en cuanto murió, al pecado murió una vez por todas; mas en cuanto vive, para Dios vive. Así también vosotros consideraos muertos al pecado, pero vivos para Dios en Cristo Jesús, Señor nuestro. No reine, pues, el pecado en vuestro cuerpo mortal, de modo que lo obedezcáis en sus concupiscencias.*
> (Romanos 6:10–12)

4. El cuarto lado del altar de bronce representa la ofrenda de nuestras vidas a Dios.

> *Así que, hermanos, os ruego por las misericordias de Dios, que presentéis vuestros cuerpos en sacrificio vivo, santo, agradable a Dios, que es vuestro culto racional. No os conforméis a este siglo, sino transformaos por medio de la renovación de vuestro entendimiento, para que comprobéis cuál sea la buena voluntad de Dios, agradable y perfecta.* (Romanos 12:1–2)

Así como el altar de bronce era el primer elemento del mobiliario que se encontraba en el tabernáculo, del mismo modo la cruz de Jesucristo es lo primero que debemos encontrar en nuestro camino a la intimidad con el Señor. El requisito de Dios de un sacrificio de sangre para expiar nuestros pecados continúa hasta este día.

Ahora que hemos visto la imagen espiritual de lo que representaba el altar de bronce, dirijamos nuestra atención a la imagen de los sacrificios animales y su implicación profética.

Jesús, nuestro Cordero pascual

El altar de bronce y los sacrificios animales eran una señal profética de la muerte sacrificial de Jesucristo como expiación final de nuestros pecados. El profeta Isaías predijo cómo el Mesías sería sacrificado como un cordero de Pascua:

Angustiado él, y afligido, no abrió su boca; como cordero fue llevado al matadero; y como oveja delante de sus trasquiladores, enmudeció, y no abrió su boca. (Isaías 53:7)

Los sacrificios animales de los israelitas eran simbólicos de la gracia de Dios supliendo la necesidad del hombre de redención. De igual modo, la muerte sacrificial de Jesús en la cruz dibuja la extravagante misericordia que Dios nos ha dado. Como no había pecado en Jesús, Él se convirtió en nuestro Cordero pascual sin defecto.

Juan el Bautista reconoció esta verdad cuando señaló a Jesús y declaró: "*He aquí el Cordero de Dios, que quita el pecado del mundo*" (Juan 1:29). Como los judíos en la primera Pascua, solo aquellos cuyos pecados están cubiertos por la sangre del Cordero serán perdonados de sufrir la muerte eterna a manos del destructor.

Como leemos en Levítico 17:11: "*Porque la vida de la carne en la sangre está*". El escritor de Hebreos subrayó poderosamente la implicación profética de los sacrificios del tabernáculo:

Porque habiendo anunciado Moisés todos los mandamientos de la ley a todo el pueblo, tomó la sangre de los becerros y de los machos cabríos, con agua, lana escarlata e hisopo, y roció el mismo libro y también a todo el pueblo, diciendo: Esta es la sangre del pacto que Dios os ha mandado. Y además de esto, roció también con la sangre el tabernáculo y todos los vasos del ministerio. Y casi todo es purificado, según la ley, con sangre; ***y sin derramamiento de sangre no se hace remisión.***

(Hebreos 9:19–22)

El poder de la sangre que Jesús vertió en la cruz por nosotros se refuerza una y otra vez a lo largo y ancho del Nuevo Testamento:

- "*Sabiendo que fuisteis rescatados de vuestra vana manera de vivir, la cual recibisteis de vuestros padres, no con cosas corruptibles, como oro o plata, sino con* ***la sangre preciosa de Cristo****, como de un cordero sin mancha y sin contaminación*" (1 Pedro 1:18–19).

- *"En quien tenemos redención* ***por su sangre****, el perdón de pecados según las riquezas de su gracia"* (Efesios 1:7).
- *"Pero ahora en Cristo Jesús, vosotros que en otro tiempo estabais lejos, habéis sido hechos cercanos* ***por la sangre de Cristo****"* (Efesios 2:13).
- *"Por cuanto agradó al Padre que en él habitase toda plenitud, y por medio de él reconciliar consigo todas las cosas, así las que están en la tierra como las que están en los cielos, haciendo la paz mediante* ***la sangre de su cruz****"* (Colosenses 1:19–20).
- *"Pero si andamos en luz, como él está en luz, tenemos comunión unos con otros, y* ***la sangre de Jesucristo*** *su Hijo nos limpia de todo pecado"* (1 Juan 1:7).

Así como los sacerdotes no podían evitar el altar para acceder al Lugar Santísimo, nosotros no podemos evitar a Jesús para llegar a Dios. Tristemente, muchas personas hoy día creen erróneamente la mentira de que hay más de un camino a Dios. Jesús dijo: *"Yo soy el camino, y la verdad, y la vida; nadie viene al Padre, sino por mí"* (Juan 14:6). Jesús no dijo que Él era uno de los muchos caminos a Dios, ni tampoco dijo que era "un" camino, "una" verdad o "una" vida. No, sino que dijo: *"Yo soy* ***el*** *camino,* ***la*** *verdad, y* ***la*** *vida"*. Él dejó muy claro que nadie puede llegar al Padre si no es por Él.

Es vital para nosotros recordar que el propósito final de los sacrificios de sangre llevados a cabo en el tabernáculo era para hacer expiación por los pecados de los israelitas y guiarles a Dios. Esto sigue siendo así hoy. Sin un sacrificio de sangre, no podemos entrar en la presencia de Dios. Si no hay sangre, no hay expiación de nuestros pecados y si no hay expiación de nuestros pecados, entonces no puede haber intimidad con Él.

Tenga en mente también, que los sacrificios ofrecidos por el sacerdote en el altar de bronce tenían que realizarse una y otra vez. Sin embargo, el sacrificio de sangre de Jesús fue la expiación definitiva por nuestros pecados. Una vez crucificado por nosotros, el requisito de Dios de sacrificios de sangre fue cumplido, una vez y para siempre.

> *Y ciertamente todo sacerdote está día tras día ministrando y ofreciendo muchas veces los mismos sacrificios, que nunca pueden quitar los pecados; pero Cristo, habiendo ofrecido una vez para siempre un solo sacrificio por los pecados, se ha sentado a la diestra de Dios, de ahí en adelante esperando hasta que sus enemigos sean puestos por estrado de sus pies; porque con una sola ofrenda hizo perfectos para siempre a los santificados.*
>
> (Hebreos 10:11–14)

Afortunadamente, nosotros no necesitamos ir cada domingo al altar para volver a ser salvos una y otra vez. Cuando invitamos a Jesucristo a ser nuestro Señor y Salvador, su sangre nos limpia de nuestro pecado, y somos libres para caminar por siempre en una relación de pacto con Él amorosa, obediente y llena de fe.

Más blancos que la nieve

¿Se acuerda que compartí con usted que la primera palabra que Dios me dio en la habitación del hotel fue *arrepentimiento*? Como respuesta al clamor de mi corazón de conocerle en verdad, Dios estaba simplemente comenzando a revelarme el modelo del tabernáculo. Él quería que entendiese que así como los israelitas tenían que arrepentirse con un sacrificio de sangre para acercarse a Él, del mismo modo yo tenía que acudir ante Él con arrepentimiento, confiando en la sangre de Jesucristo para expiar mis pecados.

No solo tenemos que arrepentirnos de nuestra naturaleza de pecado, sino que como compartí con usted, también necesitamos arrepentirnos continuamente de los pecados que cometemos cada día. Sí, somos salvos. Sí, hemos sido limpiados por la sangre de Jesús, pero Jesús nos enseñó que cada día debemos arrepentirnos de nuestras transgresiones diarias que pueden mantenernos separados de la presencia de Dios. (Véase Mateo 6:9–13). Una cosa es ser salvo por el poder de la sangre, y otra cosa es ser perdonado por nuestras transgresiones de cada día.

Dios dice en su Palabra: "*He aquí que no se ha acortado la mano de Jehová para salvar, ni se ha agravado su oído para oír; pero vuestras iniquidades han hecho división entre vosotros y vuestro Dios*" (Isaías 59:1–2).

Frecuentemente, esperamos pacientemente a que Dios haga algo por nosotros, pero hay pecados de los que no nos hemos arrepentido en nuestra vida que están bloqueando la liberación de sus bendiciones. Demasiadas personas creen falsamente que están bajo una nube de gracia que les da licencia para hacer lo que quieran, mientras le sigan pidiendo a Dios que les perdone. Sin embargo nuestras decisiones tienen consecuencias, y no podemos decidir vivir en desobediencia a la Palabra de Dios y esperar tener intimidad con Él.

¿A quién da la bienvenida Dios a su presencia?

> *El limpio de manos y puro de corazón; el que no ha elevado su alma a cosas vanas, ni jurado con engaño. El recibirá bendición de Jehová, y justicia del Dios de salvación.* (Salmos 24:4–5)

Como creyentes, usted y yo hemos sido lavados por la sangre del Cordero. Le insto a reclamar el poder de su sangre sobre su vida cada día al arrepentirse de sus transgresiones y caminar en la victoria de Él sobre el poder del pecado.

Me encanta adorar al Señor, y aunque realmente aprecio las canciones de adoración contemporáneas en la iglesia, los antiguos himnos para mí tienen algo especial. Las verdades teológicas que contienen son poderosas. Uno de mis favoritos es "There Is Power in the Blood" ["Hay poder en la sangre"], escrito por Lewis E. Jones en 1899.

¿Quieres ser salvo de toda maldad
    tan solo hay poder en mi Jesús;
¿Quieres vivir y gozar santidad?
    Tan solo hay poder en Jesús.
Hay poder, poder, sin igual poder,
    En Jesús, quien murió;
Hay poder, poder, sin igual poder,

En la sangre que él vertió.
¿Quieres ser libre de orgullo y pasión?
Tan solo hay poder en mi Jesús;
¿Quieres vencer toda cruel tentación?
Tan solo hay poder en Jesús.

Mi amigo, ¡*hay* poder en la sangre de Jesucristo! Poder para salvar. Poder para liberar. Poder para cambiar. Poder para restaurar. Poder para redimir. ¡Poder!

El modelo de Dios de redención

Y sin derramamiento de sangre no se hace remisión.
(Hebreos 9:22)

Al igual que la túnica que Jesús llevó justo antes de su crucifixión (véase Juan 19:23), la Biblia es sin costura, de un solo tejido de arriba a abajo. El modelo establecido desde el principio y revelado en el tabernáculo y el templo se cumplió en Jesús, en cuya sangre hay poder para darnos la victoria y liberarnos del poder destructivo del pecado.

Permítame explicar este modelo. Dos veces al día, cada mañana a las nueve y cada tarde a las tres, el sumo sacerdote ofrecía un cordero como ofrenda por el pecado. Estas ofrendas diarias se llamaban el *tamid*. Un día de fiesta como la Pascua, se sacrificaban tres corderos: uno a las 9:00 de la mañana, el segundo a mediodía, y el tercero a las 3:00 de la tarde.

Una de las tareas del sumo sacerdote era inspeccionar el cordero para asegurarse de que no tuviera ningún defecto o falta. Tenía que ser un cordero perfecto. Una vez que el cordero era sacrificado, el sumo sacerdote se situaba junto al altar de bronce y esperaba a que se terminase el sacrificio. Después, alzaba sus manos y extendía sus brazos, declarando: "¡Consumado es!".

¿Está comenzando a ver el modelo? Pero hay más.

Según Marcos 15:25, Jesús fue crucificado en la hora tercera (o las 9:00 de la mañana, ya que las 6:00 de la mañana se consideraba la primera hora). Después, Marcos 15:34 nos dice que en la "*hora novena*", 3:00 de la tarde, el momento exacto en que el sumo sacerdote estaba junto al sacrificio del cordero pascual, el momento exacto en que el sumo sacerdote estaba declarando: "¡Consumado es!", Jesús, el Cordero de Dios, nuestro Cordero pascual, con los brazos extendidos en una cruz, habiendo pagado el precio por el castigo de nuestros pecados, dio su último aliento y clamó: "*Consumado es*" (Juan 19:30).

Para profundizar

1. A algunas personas les resulta ofensivo, desagradable o incluso cruel que Dios requiera un sacrificio de sangre para entrar en su presencia. ¿Es difícil para usted aceptarlo? ¿Por qué o por qué no?

2. Al meditar en la imagen espiritual que Dios ha dibujado para nosotros en las cenizas del altar de bronce, pregúntele si hay cualquier amargura, enojo o resentimiento de su pasado o presente que pudiera estar impidiéndole avanzar a ese lugar de mayor intimidad con Él.

3. ¿Qué áreas de su vida están cubiertas con el poder milagroso de la sangre de Jesús? ¿En qué áreas aún necesita aplicar su sangre para ser librado del poder del pecado?

4. Pase tiempo con Dios, dándole gracias por sacrificar a su Hijo como su Cordero pascual. Pídale que le revele cualquier área de su vida, pasada o presente, donde necesite aplicar la sangre milagrosa de Jesús, para que pueda caminar en victoria sobre el pecado. Alábele por todo lo que Él ha hecho y está haciendo en su vida.

12

LAVADO POR EL AGUA Y LA PALABRA

"Por lo tanto, nosotros todos, mirando a cara descubierta como en un espejo la gloria del Señor, somos transformados de gloria en gloria en la misma imagen, como por el Espíritu del Señor".
—2 Corintios 3:18

Después del altar de bronce, la fuente de bronce era el siguiente elemento del mobiliario que encontramos en los atrios del tabernáculo, y estaba situada entre el altar y la entrada que conducía al lugar santo. (Véase figura de referencia A-1). Dios le dio a Moisés las siguientes instrucciones para la construcción de la fuente:

Harás también una fuente de bronce, con su base de bronce, para lavar; y la colocarás entre el tabernáculo de reunión y el altar, y pondrás en ella agua. Y de ella se lavarán Aarón y sus hijos las manos y los pies. Cuando entren en el tabernáculo de reunión, se lavarán con agua, para que no mueran; y cuando se acerquen al altar para ministrar, para quemar la ofrenda encendida para Jehová, se lavarán las manos y los pies, para que no mueran. Y lo tendrán por estatuto perpetuo él y su descendencia por sus generaciones. (Éxodo 30:18–21)

De Éxodo 38:8, aprendemos que la fuente o lavacro estaba hecho con los espejos de bronce de las mujeres que trabajaban en el tabernáculo. Como no había cristal en los tiempos bíblicos, una de las superficies reflectoras que tenían era el bronce muy pulido. Las mujeres pulían pequeños trozos de bronce hasta que se quedaban como un espejo brillante, y esos espejos fueron los que usó Moisés para hacer la fuente de bronce.

Después de terminar la obra del tabernáculo y cuando todo el mobiliario estaba listo e instalado, Dios le dio a Moisés instrucciones para consagrar todo a Él, incluyendo cómo dedicar a Aarón y sus hijos, que estaban señalados para servir como sacerdotes. Dios ordenó a Moisés lavarles en agua de la fuente de bronce y ungirles con aceite:

Asimismo ungirás la fuente y su base, y la santificarás. Y llevarás a Aarón y a sus hijos a la puerta del tabernáculo de reunión, y los lavarás con agua. Y harás vestir a Aarón las vestiduras sagradas, y lo ungirás, y lo consagrarás, para que sea mi sacerdote. Después harás que se acerquen sus hijos, y les vestirás las túnicas; y los ungirás, como ungiste a su padre, y serán mis sacerdotes, y su unción les servirá por sacerdocio perpetuo, por sus generaciones. (Éxodo 40:11–15)

Nuestra palabra en español *lavacro* viene de la antigua palabra latina *lavare,* que significa "derramar agua sobre, lavar". Aunque esta consagración del sumo sacerdote fue el uso inicial de la fuente de bronce, todos los sacerdotes tenían la obligación por la ley de Dios de lavarse en su agua a lo largo del día antes de entrar en el lugar santo y el Lugar Santísimo.

Como las manos de los sacerdotes estaban ensangrentadas de realizar los sacrificios y sus pies sucios del suelo en el que estaba el tabernáculo, la santidad de Dios demandaba que se lavaran las manos y los pies en la fuente de bronce. Si un sacerdote pasaba por el lavacro sin lavarse, el castigo era la muerte. (Véase Éxodo 30:20). ¡Así de importante era la fuente de bronce para Dios!

Otra de las tareas del sacerdote era lavar los sacrificios después de que los animales hubieran sido sacrificados y antes de colocarlos en el altar. (Véase Levítico 1:8, 13). Como aprendimos en el capítulo anterior, *"Porque la vida de la carne en la sangre está"* (Levítico 17:11), y Dios había prohibido a los sacerdotes comer sangre (véase Levítico 17:10, 12), por eso los sacrificios también tenían que lavarse en la fuente de bronce.

¿Qué significa todo esto?

La imagen natural de la fuente de bronce no sería más que unos cuantos datos bíblicos interesantes si no fuera por el modelo espiritual que Dios quiere que aprendamos de su construcción y uso.

La fuente de bronce es una imagen de la limpieza que viene a nosotros cuando somos lavados diariamente por la Palabra de Dios. En su carta a los creyentes en Éfeso, Pablo escribió de Jesucristo diciéndonos que nos santifica *"en el lavamiento del agua por la palabra"* (Efesios 5:26), para que Él pudiera presentarnos ante Dios como su novia pura y sin defecto.

Una cosa es que seamos redimidos por la muerte de Cristo en la cruz. Los teólogos lo llaman *justificación.* Cuando iba a la escuela dominical de niño, recuerdo que mi profesor simplificaba esa gran palabra, difícil de entender, con una sencilla explicación que nunca he olvidado: "Justificado, es como si nunca hubiera pecado".

Otra cosa es que seamos *santificados.* Santificar a alguien significa dedicarle apartándole y haciéndole santo. En el altar de bronce, somos justificados (hechos justos), y nuestros pecados son perdonados por la sangre de nuestro Cordero sacrificial. Pero en la fuente de bronce, somos santificados y apartados para el servicio de Dios.

Cuando Jesús fue crucificado, los soldados romanos atravesaron su costado con una lanza para asegurarse de que estaba muerto. Cuando lo hicieron, ¡del cuerpo de Jesús salió sangre *y* agua! (Véase Juan 19:31–35). Qué imagen tenemos aquí de cómo debemos recibir su sangre sacrificial *y* ser santificados por el agua en los atrios si deseamos llegar hasta ese lugar de profunda intimidad con el Señor.

> *¿Quién es el que vence al mundo, sino el que cree que Jesús es el Hijo de Dios? Este es Jesucristo, que vino mediante agua y sangre; no mediante agua solamente, sino mediante agua y sangre. Y el Espíritu es el que da testimonio; porque el Espíritu es la verdad. Porque tres son los que dan testimonio en el cielo: el Padre, el Verbo y el Espíritu Santo; y estos tres son uno. Y tres son los que dan testimonio en la tierra: el Espíritu, el agua y la sangre; y estos tres concuerdan.* (1 Juan 5:5–8)

La expiación por nuestros pecados es posible mediante la sangre en el altar de bronce, y la santificación de nuestra alma es posible mediante el agua de la fuente de bronce.

"Mi Hijo amado"

La fuente de bronce es también una imagen del bautismo en agua. La palabra *bautismo* viene de la palabra griega *baptizo*, que significa "lavar, cubrir con agua, humedecer". Al comienzo del ministerio de Jesús aquí en la tierra, Él fue bautizado por su primo Juan en el río Jordán. Al salir del agua, el Espíritu Santo descendió sobre Él, y Dios habló desde los cielos, diciendo: *"Este es mi Hijo amado, en quien tengo complacencia"* (Mateo 3:17).

Por supuesto, Jesús no fue lavado o santificado mediante su bautismo; Él era la única Persona sin pecado que jamás ha caminado sobre la tierra, y como tal, Él no necesitaba ser limpiado. Dios usó el bautismo en agua para simbolizar que su Hijo estaba siendo apartado para poder cumplir el destino que Dios tenía para Él. Jesús fue santificado mediante el bautismo en el sentido de que a partir de ese momento, caminaría en los propósitos de Dios para Él como Mesías y Salvador del mundo.

El bautismo es una imagen espiritual que Dios ha pintado para nosotros del modo en que compartimos la muerte y resurrección de Jesús: *"Porque somos sepultados juntamente con él para muerte por el bautismo, a fin de que como Cristo resucitó de los muertos por la gloria del Padre, así también nosotros andemos en vida nueva"* (Romanos 6:4).

Comenzando por los primeros discípulos y siguiendo a lo largo de los siglos, el bautismo en agua se ha usado como una imagen de santificación, limpieza y dedicación, algo para apartar a los que quieren seguir tras las pisadas de Cristo.

Las dimensiones perdidas

Es importante destacar que la fuente de bronce es uno de los pocos utensilios del tabernáculo para los que Dios no especificó dimensiones en cuanto a su construcción. Cuando estudiamos Éxodo y Levítico, vemos que Dios le dijo a Moisés lo profundo, ancho y alto que debía ser el altar de bronce. Él dio el tamaño y las dimensiones para la mesa de los panes y el altar del incienso. Especificó el tamaño y las dimensiones del arca del pacto. Pero en cuanto a las especificaciones de la fuente de bronce, Dios guardó silencio. ¿Por qué?

Aunque nunca lo sabremos a ciencia cierta hasta que lleguemos al cielo, he oído enseñanzas, y estoy de acuerdo, acerca de que Dios podría haber dicho con ello: "No hay límites en cuanto a mi deseo y capacidad de lavarles y apartarles. Vengan a mí, y yo les lavaré, santificaré y haré santos, para que puedan cumplir mi propósito para su vida aquí en la tierra".

En un capítulo posterior compartiré con usted más acerca de cómo Dios usó tanto a Moisés como a Aarón para dibujar una imagen espiritual para nosotros de Jesucristo. Por ahora, quiero que veamos que cuando Moisés consagró a Aarón para el servicio en el tabernáculo, Dios no dijo que Aarón debía lavarse, limpiarse y santificarse para ser lo suficientemente santo para servirle. No, Dios dijo que *Moisés debía* lavar a Aarón en la fuente de bronce. (Véase Éxodo 40:12).

Tenemos que entender que así como Aarón no pudo santificarse a sí mismo sino que necesitó que Moisés le lavase, así nosotros tampoco podemos santificarnos a nosotros mismos mediante nuestros propios esfuerzos u obras. Esta es una imagen de la necesidad que tenemos de la sangre de Jesucristo y el agua limpiadora de la Palabra de Dios para lavarnos y santificarnos.

Después, echemos un vistazo al modelo que Dios nos ha revelado mediante la construcción del lavacro o fuente con los espejos de bronce.

Mire al espejo

La fuente de bronce estaba cubierta de espejos reflectores porque Dios quería que los sacerdotes se vieran a sí mismos cuando se lavasen. El proceso de santificación comienza solo cuando estamos dispuestos a mirarnos a nosotros mismos con honestidad y humildad al pedirle a Dios que revele la oscuridad de nuestra alma.

Santiago habló de este "espejo" de autoexamen:

> *Porque si alguno es oidor de la palabra pero no hacedor de ella, éste es semejante al hombre que considera en un espejo su rostro natural. Porque él se considera a sí mismo, y se va, y luego olvida cómo era. Mas el que mira atentamente en la perfecta ley, la de la libertad, y persevera en ella, no siendo oidor olvidadizo, sino hacedor de la obra, éste será bienaventurado en lo que hace.*
>
> (Santiago 1:23–25)

Cuando nos miramos en el espejo de la Palabra, tenemos una decisión que tomar: podemos vernos como Dios nos ve y luego irnos, sin cambiar, decidiendo olvidar el tipo de persona que vimos reflejado ahí, o podemos responder a lo que vemos pidiéndole a Dios que perdone nuestros pecados y nos dé la fuerza y el valor necesarios para permitirle lavarnos y santificarnos mediante su Palabra.

Es la Palabra de Dios lo que nos juzgará cuando estemos ante Dios en el cielo un día.

> [Jesús dijo:] *"Al que oye mis palabras, y no las guarda, yo no le juzgo; porque no he venido a juzgar al mundo, sino a salvar al mundo. El que me rechaza, y no recibe mis palabras, tiene quien le juzgue;* ***la palabra que he hablado, ella le juzgará en el día postrero****".* (Juan 12:47–48)

Podemos acudir a la Palabra de Dios voluntariamente y permitir que nos juzgue mientras aún tenemos tiempo de responder al proceso de santificación de Dios, o podemos evitar la fuente de bronce de la santificación y dejar que la Palabra nos juzgue en el día postrero. Pablo nos dice en 1 Corintios 11:31: *"Si, pues, nos examinásemos a nosotros mismos, no seríamos juzgados"*. ¡Qué pensamiento más tremendo!

Yo no sé usted, pero yo prefiero mirarme en el espejo de la Palabra de Dios cada día para ver lo mucho que necesito su limpieza y ayuda. Quiero que su Santa Escritura sea la espada en la mano de Él que corte toda inmundicia de mi corazón y mi vida.

> *Porque la palabra de Dios es viva y eficaz, y más cortante que toda espada de dos filos; y penetra hasta partir el alma y el espíritu, las coyunturas y los tuétanos, y discierne los pensamientos y las intenciones del corazón.* (Hebreos 4:12)

¿Quiere seguir avanzando?

En este punto del viaje, debemos hacer una pausa y tomar una decisión: ¿Queremos quedarnos en los atrios, o estamos listos para avanzar hacia el lugar santo?

Tristemente, muchas personas deciden quedarse en los atrios toda su vida. Algunos nunca han ido más allá de la fuente de bronce. Quizá le han pedido a Jesús que sea su Salvador, pero nunca han desarrollado el buen hábito de arrepentirse de sus transgresiones diarias.

Quizá hemos sido bautizados, pero no hemos seguido avanzando en el proceso de santificación permitiéndole a Dios que nos aparte del mundo para sus propósitos. No hemos decidido ir a la fuente de bronce con humildad y sinceridad para mirar fijamente nuestro reflejo, arrepentirnos del pecado que vemos ahí, y pedirle a Dios que nos santifique con el lavamiento del agua de la Palabra.

Demasiadas personas nos contentamos con simplemente saber que nuestros pecados han sido perdonados. Aceptamos con alegría el sacrificio de sangre de Jesús como expiación por nuestros pecados y por salvarnos de una eternidad en el infierno; pero, desde entonces, nos hemos contentado solo con acampar en los atrios. Nos hemos acomodado esperando nuestro *futuro* en el cielo mientras ofrecemos la menor cantidad posible de sacrificio personal en el *presente.*

El libro de Hebreos habla de estas dos etapas distintas en la vida cristiana. Una etapa está representada por los que se quedan siempre como bebés en Cristo y no prosiguen hacia la madurez. El autor de Hebreos dijo que este tipo de cristianos están en peligro de endurecer sus corazones, de quedarse cortos y apartarse.

El otro tipo de cristianos son aquellos que se "aferran", asiéndose firmemente hasta el final mientras prosiguen hacia la perfección. Será este tipo de cristianos el que herede las bendiciones el nuevo pacto que hay aseguradas en Cristo para ellos. (Véase Hebreos 3:4–15; 5:12–14).

El autor de Hebreos enseñó que podemos llegar a la presencia de Dios por el poder de la sangre de Jesús:

> *Así que, hermanos, teniendo libertad para entrar en el Lugar Santísimo por la sangre de Jesucristo, por el camino nuevo y vivo que él nos abrió a través del velo, esto es, de su carne, y teniendo*

un gran sacerdote sobre la casa de Dios, acerquémonos con corazón sincero, en plena certidumbre de fe, purificados los corazones de mala conciencia, y lavados los cuerpos con agua pura.

(Hebreos 10:19–22)

Los "Hebreos" a los que se dirigió la carta es muy probable que fueran los primeros cristianos de Jerusalén. Hechos 21:20 nos deja saber que había miles de ellos. El autor estaba escribiendo para animarles: "*Vamos adelante a la perfección*" (Hebreos 6:1), y "*Corramos con paciencia la carrera que tenemos por delante*" (Hebreos 12:1).

Dejando atrás los atrios

Desgraciadamente, como en aquellos días, hay muchos cristianos que, tras profesar una fe en Cristo, llegan a un punto muerto. Nunca salen de los atrios en su relación con Dios. Nunca llegan a tener algo más que cierta familiaridad con Dios.

¿Por qué? Quizá sea porque no saben, o no les han enseñado, que hay más para ellos en Dios. Quizá sea porque saben que hay más pero no están dispuestos a pagar el precio o a hacer lo necesario para dejar atrás los atrios y entrar en el lugar santo, dejando atrás la relación informal y entrando en una relación de intimidad en el Lugar Santísimo.

Otra posible razón por la que la mayoría de los cristianos nunca dejan atrás los atrios es porque no tienen ni idea de lo que les espera en el lugar santo y el Lugar Santísimo, así que se miran "*en un espejo*" (Santiago 1:23) y se alejan, olvidándose al instante de quiénes son en Cristo. Amigo mío, si supiera el gozo, paz, unión y comunión con el Padre que le esperan en el Lugar Santísimo, ¡no perdería ni un minuto de su tiempo, sino que correría a su presencia!

Sea por la razón que fuere, demasiados cristianos parecen contentarse con la idea de que sus pecados hayan sido perdonados. Han llegado, si lo quiere ver así, a la fuente de bronce. Han aceptado el sacrificio de Jesús como sustitución y pago de su sentencia personal de muerte espiritual. Pero no han llegado a entrar ni en el lugar santo ni en el Lugar Santísimo. Se han acomodado simplemente esperando su futuro mientras evitan el sacrificio personal en el presente, y se resisten a ser verdaderamente "apartados" para cumplir el propósito de Dios para sus vidas en la tierra.

En el primer siglo, muchos cristianos se estaban enfriando y apartando. Algunos corrieron bien durante un tiempo, pero después se enredaron en los asuntos del mundo.

En mi vida, he conocido a muchos cristianos cuyo conocimiento de la Palabra de Dios ha superado su relación personal con Él. Se han emocionado con saber más y aprender más, pero han terminado haciendo menos. He descubierto que es posible que mi mente, voluntad y emociones queden satisfechas con conocimiento, entendimiento y buenos sentimientos sin que mi corazón o mi espíritu sintonice con lo que Dios me está diciendo.

Debemos tener cuidado de no contentarnos con nuestra religión, nuestra doctrina y nuestra vida cristiana, porque es posible que nuestro corazón se endurezca. Es posible vivir en el ámbito de lo natural y descubrir que estamos caminando por vista y no por fe. Cuando caminamos por vista, terminamos caminando en incredulidad, porque nuestro enfoque estará limitado a las circunstancias naturales que nos rodean.

Lo que vemos en lo natural no es lo que Dios ve en el espíritu. Tampoco es lo que Dios quiere que nosotros veamos en el espíritu. Lo que Dios quiere de nosotros es fe como la de un niño que vive en lo invisible y en el espíritu. Nuestra fe es el oído que oye la voz de Él.

Romanos 10:10 dice: *"Porque con el corazón se cree"*. Esta frase es cierta, ya sea que usted la aplique a algo en el mundo o algo de Dios. Es con el corazón como creemos. La incredulidad nos aparta de Dios. La fe nos acerca a Él.

Al final, el mero conocimiento de Dios no es suficiente. Nuestro corazón debe estar abierto a recibirle y sintonizado para oír lo que Él tenga que decirnos en ese lugar de intimidad: en el Lugar Santísimo.

Podemos encontrar un gran paralelismo en los hijos de Israel, que estaban a punto de entrar en la Tierra Prometida. Nosotros somos muy parecidos en cuanto a nuestra necesidad de fe y obediencia.

Para profundizar

1. En Efesios 5, Pablo habla acerca de ser lavados por el agua y la Palabra. ¿Pasa usted un tiempo regular con Dios, permitiéndole lavarle con la verdad de su Palabra? Si es así, ¿cómo está siendo cambiado al mirarse en su Palabra? Si no es así, ¿qué le está impidiendo experimentar este proceso de limpieza?

2. ¿Alguna vez ha experimentado el bautismo en agua? Si es así, ¿qué tipo de impacto tuvo sobre su caminar con el Señor? Si no ha sido bautizado en agua, ¿está listo para hacerlo ahora? ¿Por qué o por qué no?

3. ¿Siente que sus acciones *para* Dios van al ritmo de su conocimiento *de* Dios? ¿Alguna vez ha sentido que se ha acomodado demasiado en su relación con Dios, o que su corazón se ha endurecido? ¿Qué tuvo que hacer para salir de ese estado, o *aún* tiene que salir de él?

13

ES EL MOMENTO DE CRECER

"Por tanto, dejando ya los rudimentos de la doctrina de Cristo, vamos adelante a la perfección".
—Hebreos 6:1

Cuando Dios les dijo a los hijos de Israel que "subieran" y "poseyeran" la tierra, se llenaron de temor. Diez de los doce espías regresaron con un informe negativo. Es interesante para mí que los doce espías vieron los mismos gigantes en la tierra, pero solo dos de los doce vieron a Dios. Diez espías anclaron sus ojos en lo natural, mientras que dos enfocaron sus ojos en la fe y estuvieron seguros de la capacidad de Dios para entregar la tierra en sus manos.

La incredulidad y el temor son dos ingredientes que nos hacen ser desobedientes. Por eso Dios les dijo: "Por vuestra incredulidad, por vuestra dureza de corazón, no podréis entrar". (Véase Números 14; Salmos 95:11; Hebreos 3:11).

Estos israelitas tuvieron la fe para salir de Egipto, pero no tuvieron fe para entrar en Canaán. Cuando fueron probados para ver si retenían *"firme hasta el fin nuestra* [su] *confianza del principio"* (Hebreos 3:14), fracasaron, abandonaron.

Según el libro de Hebreos, había cristianos comportándose exactamente igual que sus antepasados lo habían hecho en el desierto. Habían comenzado bien, pero algunos ahora estaban deteniéndose, mientras que otros incluso ya se habían dado la vuelta.

Al igual que sus antepasado que habían salido de Egipto, reconocían que Dios les había salvado de la esclavitud; estaban contentos con la idea de la salvación mediante Cristo como Mesías y Salvador del mundo, pero no tenían ningún deseo de proseguir hacia Canaán, a la tierra prometida; a una vida de santificación, santidad y poder. Estaban a gusto acampados en los atrios.

Moisés intentó animar a los hijos de Israel, diciendo: *"Y nos sacó de allá, para traernos y darnos la tierra que juró a nuestros padres"* (Deuteronomio 6:23). Dios les había sacado de Egipto para poder llevarles a la Tierra Prometida, del mismo modo que Jesús nos saca de nuestra esclavitud y ataduras al pecado para llevarnos a una relación más profunda, más íntima, más poderosa con Él.

La madurez espiritual es una decisión

Los hijos de Israel estaban contentos por haber sido liberados de la esclavitud de Egipto, aunque a menudo se quejaban en el desierto. Pero cuando se vieron ante la decisión de fe o temor, de obediencia o desobediencia, de entrar en la tierra y conquistar a sus enemigos o seguir vagando por el desierto, tomaron la decisión incorrecta. Decidieron temer, desobedecer y seguir vagando.

Ojalá hubieran tenido la fe para ver lo invisible. Ojalá hubieran tenido la madurez de saber que todo lo que Dios les pedía hacer era para su bien, para darles esperanza y un futuro y para bendecirles. Si hubieran decidido ser obedientes, se habrían evitado muchos dolores y quebraderos de cabeza.

La consecuencia de su incredulidad y resultante desobediencia fue cuarenta años vagando por el desierto: cuarenta años esperando las promesas de Dios. A excepción de Josué y Caleb, toda esa generación no pudo "entrar", debido a la duda, la incredulidad, el temor y la desobediencia. En cambio, perecieron en el desierto sin experimentar nunca las bendiciones de la Tierra Prometida de primera mano.

El autor del libro de Hebreos estaba diciendo: "No sean como estos israelitas incrédulos. ¡Dios tiene mucho más para ustedes!".

El llamado al lugar santo y el Lugar Santísimo es un llamado a santificación, santidad, intimidad, adoración, poder y transformación. Es un llamado a "entrar". Es un llamado a dar el siguiente paso e ir más allá del lugar santo. Es un llamado a dejar de vagar y quejarse para entrar en la vida de victoria sobre todo enemigo. Es un llamado a servir a Dios en la tierra de la promesa. Pero tenemos que responder al llamado.

Como ocurría en el primer siglo, hay cristianos carnales y hay cristianos espirituales. Los cristianos carnales son los que han encontrado una manera, espiritualmente hablando, de hacer algo que es imposible en el mundo natural: seguir siendo bebés.

En el mundo natural, cada planta, animal y ser humano crece. A menos que deje que una persona se muera de hambre, dicha persona crecerá. Con los adecuados alimentos, descanso y cobijo, a menos que haya algún accidente terrible o una enfermedad grave, un bebé recién nacido crecerá. No he dicho que un bebé recién nacido *madurará*. Ese es un tema totalmente distinto. Pero crecerá. La decisión no entra en juego en el asunto del crecimiento, al menos en el ámbito de lo natural.

En el mundo espiritual, muchos cristianos han dejado de crecer. Han salido de Egipto, pero se han quedado en el desierto de una vida mundana, una vida de deficiencia espiritual e inmadurez, una vida de vivir en su zona cómoda espiritual de "no avanzar más" con Cristo.

Vemos este tipo de cristianos a nuestro alrededor. Son los que están contentos con la salvación. Descansan en la doctrina particular de sus iglesias, enseñanzas y ortodoxia; sus servicios y formalidades; su buen comportamiento político. ¿Dónde está el deseo, hambre y anhelo de más de Dios, de verdades más profundas de su Palabra, y de una relación más profunda y más íntima con Él? ¡Dios tiene mucho más para usted!

En Éxodo 6, Dios le dijo a Moisés lo que debía decir a los hijos de Israel. Preste atención a las cinco cosas que Dios prometió hacer por sus hijos cuando estaba a punto de sacarles de Egipto. Mientras lo lee, tenga en mente que para la mayoría de los eruditos bíblicos, Egipto representa los sistemas, creencias y conductas del mundo.

> *Asimismo yo he oído el gemido de los hijos de Israel, a quienes hacen servir los egipcios, y me he acordado de mi pacto. Por lo tanto, dirás a los hijos de Israel: Yo soy JEHOVÁ; y yo os sacaré de debajo de las tareas pesadas de Egipto, y os libraré de su servidumbre, y os redimiré con brazo extendido, y con juicios grandes; y os tomaré por mi pueblo y seré vuestro Dios; y vosotros sabréis que yo soy Jehová vuestro Dios, que os sacó de debajo de las tareas pesadas de Egipto. Y os meteré en la tierra por la cual alcé mi mano jurando que la daría a Abraham, a Isaac y a Jacob; y yo os la daré por heredad. Yo JEHOVÁ.* (Éxodo 6:5–8)

Recapitulemos:

1. *"Yo os sacaré de debajo de las tareas pesadas de Egipto".*
2. *"Y os libraré de su servidumbre".*
3. *"Y os redimiré con brazo extendido, y con juicios grandes".*
4. *"Y os tomaré por mi pueblo y seré vuestro Dios; y vosotros sabréis que yo soy Jehová vuestro Dios, que os sacó de debajo de las tareas pesadas de Egipto".*
5. *"Y os meteré en la tierra por la cual alcé mi mano jurando que la daría a Abraham, a Isaac y a Jacob; y yo os la daré por heredad. Yo JEHOVÁ".*

Qué imagen tan increíble de lo que Dios quiere hacer por sus hijos hoy. ¡Dios tiene un lugar y un plan de promesa para usted!

El plan de Dios en la Escritura

Pablo dejó totalmente claro en Romanos 11 que, como iglesia, hemos sido injertados en la vid de Israel y que somos copartícipes de las promesas y las bendiciones de Dios para Abraham. (Véase también Romanos 4; Gálatas 3).

El pueblo de Dios debe ser distinto de las personas del mundo. Los siguientes versículos bosquejan los planes y propósitos para usted, como hijo de Dios. Aquí están las intenciones de Dios para usted, para su pueblo:

- *"Y aquel día yo* [os] *apartaré... a fin de que sepas que yo soy Jehová en medio de la tierra. Y yo pondré redención entre mi pueblo y el tuyo* [los egipcios; el mundo]" (Éxodo 8:22–23).
- *"Y Jehová hará separación entre los ganados de Israel y los de Egipto, de modo que nada muera de todo lo de los hijos de Israel"* (Éxodo 9:4).
- *"Y a la verdad yo te he puesto* [en Egipto] *para mostrar en ti mi poder, y para que mi nombre sea anunciado en toda la tierra"* (Éxodo 9:16).
- *"Si oyeres atentamente la voz de Jehová tu Dios, e hicieres lo recto delante de sus ojos, y dieres oído a sus mandamientos, y guardares todos sus estatutos, ninguna enfermedad de las que envié a los egipcios te enviaré a ti; porque yo soy Jehová tu sanador"* (Éxodo 15:26).
- *"Vosotros visteis lo que hice a los egipcios, y cómo os tomé sobre alas de águilas, y os he traído a mí. Ahora, pues, si diereis oído a mi voz, y guardareis mi pacto, vosotros seréis mi especial tesoro sobre todos los pueblos; porque mía es toda la tierra. Y vosotros me seréis un reino de sacerdotes, y gente santa"* (Éxodo 19:4–6).

- *"Y habitaré entre los hijos de Israel, y seré su Dios. Y conocerán que yo soy Jehová su Dios, que los saqué de la tierra de Egipto, para habitar en medio de ellos. Yo Jehová su Dios"* (Éxodo 29:45–46).
- *"Mi presencia irá contigo, y te daré descanso"* (Éxodo 33:14). Cuando caminamos en obediencia delante de Dios, ¡Él nos muestra su favor!
- *"Porque yo soy Jehová vuestro Dios; vosotros por lo tanto os santificaréis, y seréis santos, porque yo soy santo"* (Levítico 11:44). Dios nos manda ser santos.
- *"¡Quién diera que tuviesen tal corazón, que me temiesen y guardasen todos los días todos mis mandamientos, para que a ellos y a sus hijos les fuese bien para siempre!"* (Deuteronomio 5:29).
- *"Guardad cuidadosamente los mandamientos de Jehová vuestro Dios, y sus testimonios y sus estatutos que te ha mandado. Y haz lo recto y bueno ante los ojos de Jehová, para que te vaya bien, y entres y poseas la buena tierra que Jehová juró a tus padres; para que él arroje a tus enemigos de delante de ti, como Jehová ha dicho"* (Deuteronomio 6:17–19).
- *"Porque tú eres pueblo santo para Jehová tu Dios; Jehová tu Dios te ha escogido para serle un pueblo especial, más que todos los pueblos que están sobre la tierra"* (Deuteronomio 7:6).
- *"Y comerás y te saciarás, y bendecirás a Jehová tu Dios por la buena tierra que te habrá dado. Cuídate de no olvidarte de Jehová tu Dios, para cumplir sus mandamientos, sus decretos y sus estatutos que yo te ordeno hoy; no suceda que comas y te sacies, y edifiques buenas casas en que habites, y tus vacas y tus ovejas se aumenten, y la plata y el oro se te multipliquen, y todo lo que tuvieres se aumente; y se enorgullezca tu corazón, y te olvides de Jehová tu Dios, que te sacó de tierra de Egipto, de casa de servidumbre"* (Deuteronomio 8:10–14).
- *"Ahora, pues, Israel, ¿qué pide Jehová tu Dios de ti, sino que temas a Jehová tu Dios, que andes en todos sus caminos, y que lo ames, y sirvas*

a Jehová tu Dios con todo tu corazón y con toda tu alma; que guardes los mandamientos de Jehová y sus estatutos, que yo te prescribo hoy, para que tengas prosperidad?" (Deuteronomio 10:12–13).

- *"Hijos sois de Jehová vuestro Dios; no os sajaréis, ni os raparéis a causa de muerto. Porque eres pueblo santo a Jehová tu Dios, y Jehová te ha escogido para que le seas un pueblo único de entre todos los pueblos que están sobre la tierra"* (Deuteronomio 14:1–2).
- *"Has declarado solemnemente hoy que Jehová es tu Dios, y que andarás en sus caminos, y guardarás sus estatutos, sus mandamientos y sus decretos, y que escucharás su voz. Y Jehová ha declarado hoy que tú eres pueblo suyo, de su exclusiva posesión, como te lo ha prometido, para que guardes todos sus mandamientos; a fin de exaltarte sobre todas las naciones que hizo, para loor y fama y gloria, y para que seas un pueblo santo a Jehová tu Dios, como él ha dicho"* (Deuteronomio 26:17–19).

Si hiciésemos un viaje desde un extremo de la Biblia al otro, mirando todos los lugares donde Dios habló a sus hijos acerca del tipo de vida que Él quería que llevasen y el tipo de relación que quería que tuvieran con Él, veríamos las consecuencias de la obediencia, así como las consecuencias de la desobediencia.

Librados de Egipto, un tipo del mundo

Cuando Dios libró a los israelitas de la esclavitud en Egipto, se produjeron dos etapas. Primero, se produjo la vida en el desierto, caracterizada por deambular, querer, necesitar, quejarse, incredulidad, temor y desobediencia. La consecuencia de esa conducta fue el hecho de que Dios no permitió que los hijos de Israel "entrasen" en la Tierra Prometida. No entraron en su descanso.

La segunda etapa fue vivir en la Tierra Prometida. Hubo descanso ahí en vez de deambular. Era una tierra donde fluía leche y miel, una tierra de abundancia en lugar de carencias y necesidades. Fue un lugar de victoria sobre cada enemigo en lugar de derrota.

Del mismo modo, hay dos etapas en el proceso del crecimiento y madurez cristiano. Hay pasos hacia una relación más profunda y más íntima con Dios, para conocerle verdaderamente.

Una cosa es conocer a Jesús como Salvador, haber salido de Egipto, por así decirlo. Pero otra cosa completamente distinta es conocerle como Pablo deseaba conocerle: *Conocerle,* y el poder de su resurrección. (Véase Filipenses 3:10). Otra cosa totalmente distinta es entrar y proseguir hasta conseguir una relación más profunda y más íntima con Él en la santidad de su presencia, el Lugar Santísimo: la plenitud de la comunión que Dios desea que tengamos con Él.

Hoy, que Dios nos dé la valentía, la fe y el hambre para entrar y proseguir, para avanzar desde una relación de atrios con Él a una relación de lugar santo, y finalmente, de Lugar Santísimo.

> *Acerquémonos, pues, confiadamente al trono de la gracia, para alcanzar misericordia y hallar gracia para el oportuno socorro.*
> (Hebreos 4:16)

Crezcamos

¿Qué hay de malo en los atrios? Bueno, como primer paso, absolutamente nada. De nuevo, la madurez espiritual es un proceso, y Dios es amable y paciente con nosotros mientras crecemos. Pero Él no quiere que nos contentemos con la experiencia de los atrios. Como Él nos ama tanto, anhela que prosigamos para acceder a todo lo que Él tiene para nosotros.

Así como Él hizo con David, Dios quiere reunirnos tiernamente bajo la sombra de sus alas y cobijarnos ahí con su presencia que todo lo abarca. Pero este tipo de intimidad es posible solo para aquellos que están dispuestos a ir más allá de los atrios y llegar al lugar santo y después al Lugar Santísimo.

Como mencioné antes, un bebé no se puede quedar bebé para siempre. O crece, o se muere.

A-1

A-2

B-2

C-1

C-2

Mercurio
Venus

Tamaños en relación con los planetas cercanos a la Tierra.

Júpiter
Mercurio
Tierra
Venus
Marte
Sol

Tamaño de los planetas en relación con el Sol.

Tamaño de las estrellas en relación con el Sol.

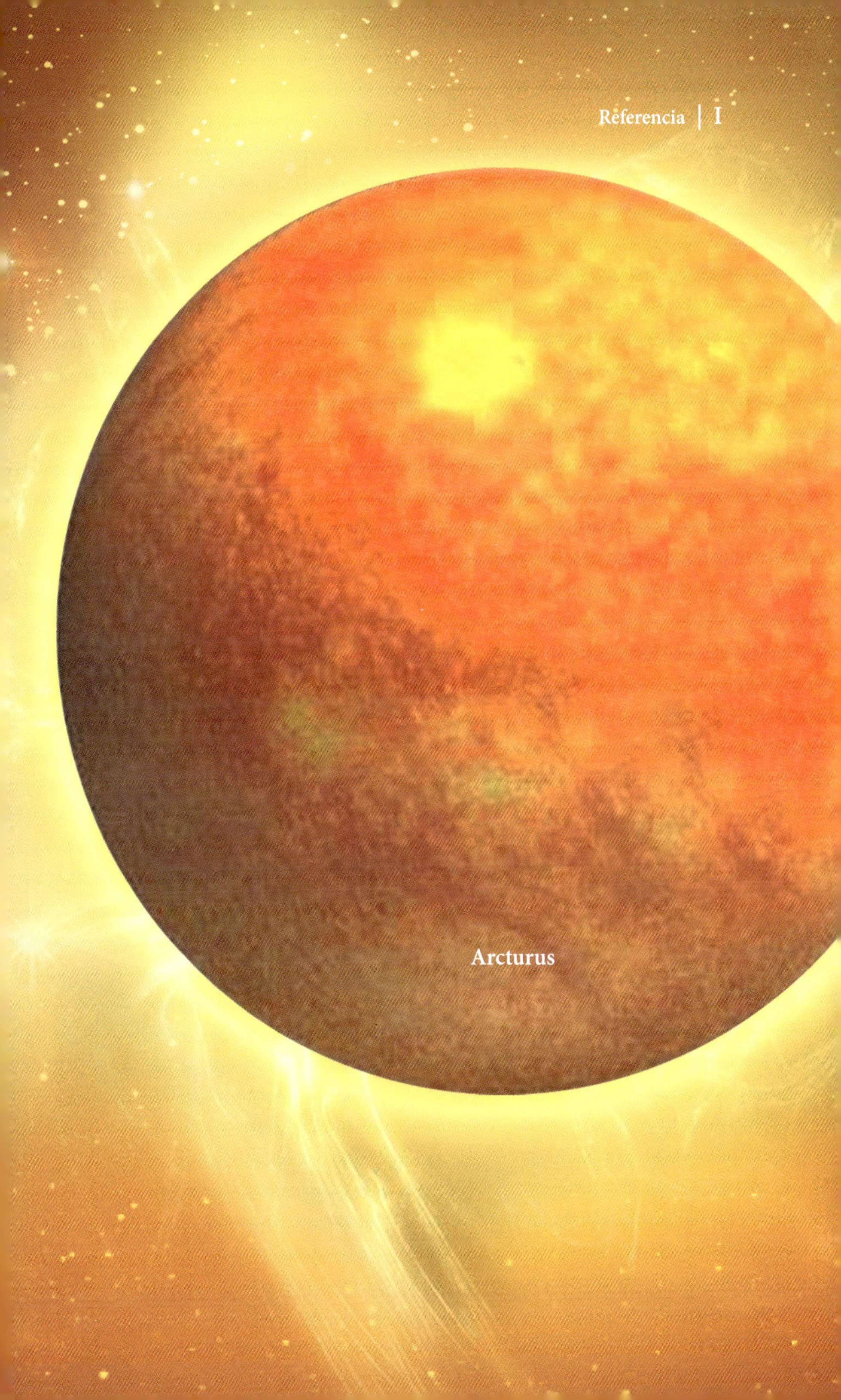
Arcturus

Estrellas en relación con Antares.

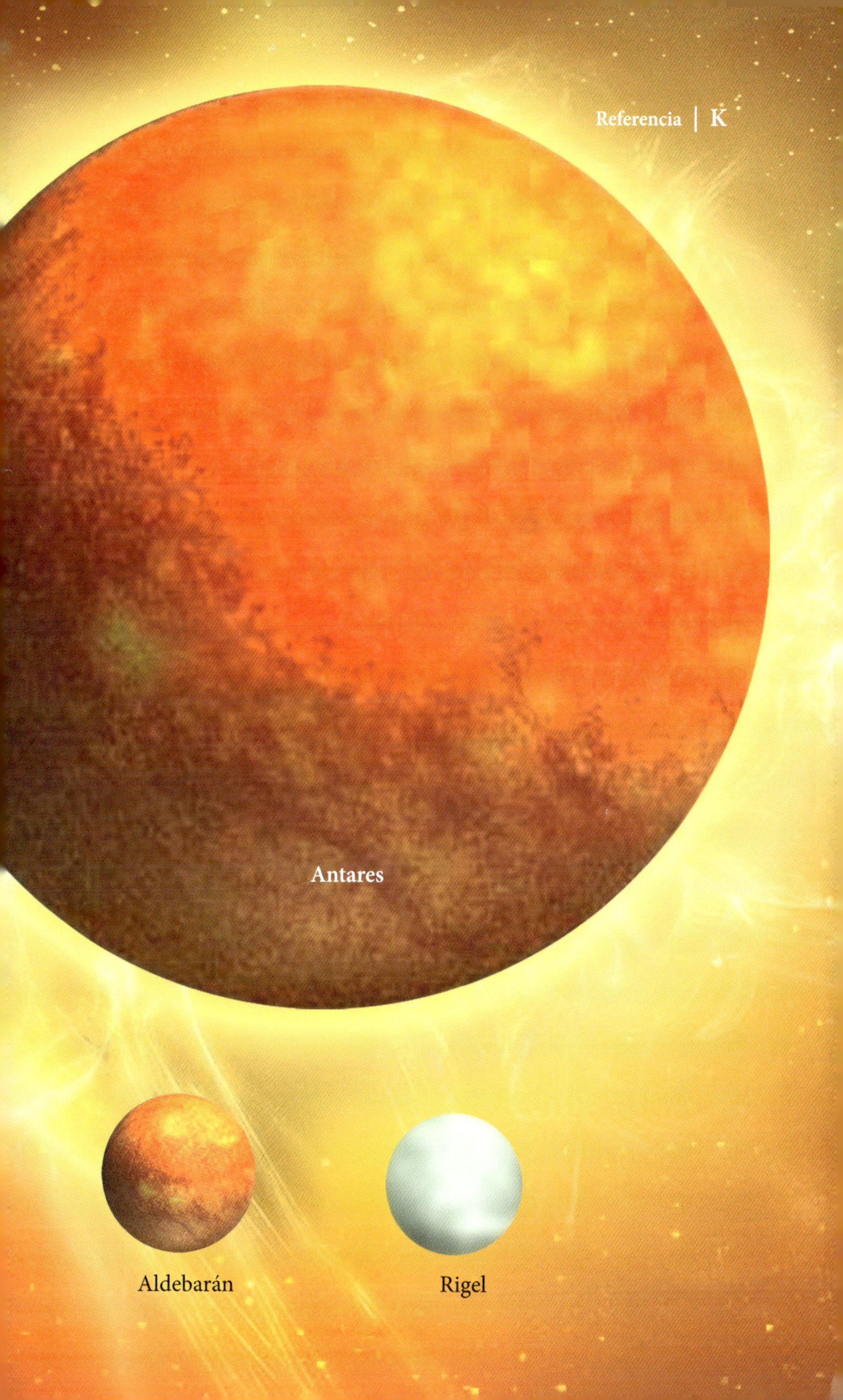
Antares
Aldebarán
Rigel

Aquí, de nuevo, tenemos un ejemplo de Dios usando el mundo natural para enseñarnos una verdad espiritual. El libro de Hebreos contiene una fuerte exhortación para todos aquellos que se conformen con quedarse en los atrios, sin un deseo real de madurar en su fe:

> *Porque debiendo ser ya maestros, después de tanto tiempo, tenéis necesidad de que se os vuelva a enseñar cuáles son los primeros rudimentos de las palabras de Dios; y habéis llegado a ser tales que tenéis necesidad de leche, y no de alimento sólido. Y todo aquel que participa de la leche es inexperto en la palabra de justicia, porque es niño.* (Hebreos 5:12–13)

El escritor parece haber estado diciendo a los creyentes hebreos: "Deberían estar creciendo, pero no lo están. ¿Por qué siguen bebiendo 'la leche de los atrios' cuando podrían estar participando de una 'fiesta del lugar santo' o cenando en un 'banquete en el Lugar Santísimo'?".

Tenemos que pasar el altar de bronce y la fuente de bronce. Es tiempo de que ascendamos los pasos necesarios y entremos en el lugar santo, y vayamos de ahí al Lugar Santísimo, llenos de gozo, anticipación y anhelo por lo que descubriremos en la presencia de Dios.

¡Prosiga!

Cuando un constructor pone cimientos de cemento, sabe que es solo el comienzo del edificio y no el edificio en sí. Del mismo modo, encontrarse con el altar de bronce y la fuente de bronce en los atrios es fundamental para tener una relación profundamente íntima con el Señor. Pero nuestra experiencia de los atrios no es intimidad; simplemente representa un paso esencial en el camino a la presencia de Dios. Debemos ir más allá si queremos tener un encuentro íntimo con Dios.

> *Por lo tanto, dejando ya los rudimentos de la doctrina de Cristo, vamos adelante a la perfección; no echando otra vez el fundamento del arrepentimiento de obras muertas, de la fe en Dios, de*

> *la doctrina de bautismos, de la imposición de manos, de la resurrección de los muertos y del juicio eterno.* (Hebreos 6:1–2)

Aunque "arrepentirse" y "lavarse" es algo fundamental para nuestra relación con el Señor, no podemos detenernos ahí. El escritor de Hebreos nos enseña a avanzar y dejar atrás estas enseñanzas elementales mientras proseguimos a la madurez espiritual. Debemos proseguir si verdaderamente deseamos una relación íntima con el Señor.

El autor de Hebreos comparó el hecho de proseguir hacia la presencia de Dios con una carrera:

> *Por tanto, nosotros también, teniendo en derredor nuestro tan grande nube de testigos, despojémonos de todo peso y del pecado que nos asedia, y corramos con paciencia la carrera que tenemos por delante.* (Hebreos 12:1)

Cuando se corre una carrera, los corredores deben seguir corriendo si quieren cruzar la línea de meta y reclamar su premio. Del mismo modo, no podemos dejar de correr nuestra carrera hasta que crucemos la línea de meta y corramos a los brazos de Él. Y, amigo mío, usted tiene que saber que la carrera no termina en los atrios.

Le invito a proseguir en este viaje conmigo mientras pasamos al lugar santo y luego cruzamos el velo hasta el Lugar Santísimo. Ahí es donde habita la presencia de Dios, y el premio de una relación íntima con Él es la rica recompensa que nos espera ahí. ¡Prosiga!

Para profundizar

1. ¿Cómo describiría usted su nivel de madurez espiritual? ¿Es usted un bebé que se conforma con la "leche"? ¿Es usted un adolescente que está feliz con una "hamburguesa"? ¿O es usted un adulto espiritualmente maduro que regularmente se da un festín comiéndose un "buen costillar" en la presencia del Señor? ¿Por qué está en este nivel de madurez espiritual?

2. Reflexione en momentos de su vida en los que experimentó las recompensas o consecuencias de obedecer o desobedecer. ¿Qué aprendió acerca del deseo de Dios para su vida? ¿Qué aprendió sobre usted mismo?

3. Pase tiempo con el Señor hablando acerca de su deseo, o falta del mismo, de proseguir hasta un lugar de intimidad más profunda con Él. Si Él le revela algo que le está deteniendo, confiéseselo, arrepiéntase y después pídale su fuerza, valor y coraje para correr esta carrera con paciencia hasta que cruce la línea de meta y salte a los brazos de Él que le esperan.

PARTE III:

EL VIAJE HACIA EL INTERIOR

14

SUBA LAS ESCALERAS

"Bendeciré a Jehová en todo tiempo;
su alabanza estará de continuo en mi boca".
—Salmos 34:1

Cuando el Señor me habló esa mañana en la cafetería del hotel acerca de perseguir una relación íntima con Él, recordará que la segunda palabra que me dio fue *alabanza*. Sabía que Él me estaba pidiendo que pasara más tiempo alabándole. En los meses y años desde entonces, Dios me ha ido revelando gradualmente a qué se refería Él, y lo ha hecho mediante el modelo de las escaleras del templo de Salomón, que subían desde los atrios hasta el lugar santo.

Al ir cavando en busca del tesoro escondido en las Escrituras, he ido entendiendo que el acto natural de los sacerdotes al declarar las alabanzas de Dios en las quince escaleras al templo también sirve como una imagen espiritual de cómo Él nos llama a alabarle fielmente mientras nos preparamos para entrar en una relación más íntima con Él.

Dejemos atrás los atrios ahora para proseguir hacia delante y hacia arriba para entrar en el lugar santo mediante nuestras alabanzas.

Los salmos graduales

Estaba estudiando detenidamente el libro de los Salmos un día cuando captaron mi atención los pequeños subtítulos descriptivos al comienzo de cada salmo. Algunos decían: "Salmo de David" o "Para el director del coro". Pero cuando llegué al Salmo 120, comencé a ver subtítulos que no entendía.

Todos los subtítulos desde el Salmo 120 hasta el 134 eran iguales: "Cántico gradual". Pensé para mí: *"Salmo de David", lo entiendo; pero ¿qué puede ser un "Salmo gradual"?*

Así que decidí excavar un poco en busca de oro.

La palabra hebrea para *salmo* es *mizmor*, que significa "un poema cantado con instrumentos". Su raíz es otra palabra hebrea, *zamar*, que significa "tocar las cuerdas o partes de un instrumento musical; tocar sobre; hacer música acompañada por la voz; alabar". Así pues, un salmo es una canción que se canta con acompañamiento musical.

Aprendí que después de que el sacerdote hubiera hecho un sacrificio en el altar de bronce y se hubiera lavado en la fuente de bronce de los atrios, llegaba a unas escaleras que subían al templo, donde estaban el lugar santo y el Lugar Santísimo. El sacerdote se ponía delante de las escaleras y cantaba el Salmo 120.

Después, daba el primer paso de su ascenso y cantaba el Salmo 121. Daba otro paso y cantaba el Salmo 122, y luego otro paso y otro paso, alabando durante toda su ascensión por las escaleras hasta el lugar santo.

Aunque el tabernáculo de Moisés en el desierto no era un lugar de canto, música o danza, el templo de Salomón era bastante distinto. Creo esto porque Salomón creció expuesto a los expresivos, emotivos y gozosos sonidos musicales que su padre, David, había instituido como una parte regular de la adoración.

Cuando David llevó el arca del pacto hasta Jerusalén, el gozoso desfile fue explosivamente musical:

> *Y los hijos de los levitas trajeron el arca de Dios puesta sobre sus hombros en las barras, como lo había mandado Moisés, conforme a la palabra de Jehová. Asimismo dijo David a los principales de los levitas, que designasen de sus hermanos a cantores con instrumentos de música, con salterios y arpas y címbalos, que resonasen y alzasen la voz con alegría.*
>
> (1 Crónicas 15:15–16)

A David se le atribuye la escritura de setenta y tres de los salmos; de hecho, según las Escrituras, fue el propio David quien inventó muchos de los instrumentos que se usaron: "*Además, cuatro mil porteros, y cuatro mil para alabar a Jehová, dijo David, con los instrumentos que he hecho para tributar alabanzas*" (1 Crónicas 23:5).

Incluso después de que el arca del pacto estuviera en su lugar, la alabanza musical de la bondad de Dios, su misericordia, su fidelidad y poder, continuó porque David había designado sacerdotes que mantuviesen continuamente la adoración como parte de sus responsabilidades diarias. (Véase 1 Crónicas 16:4–6, 37).

Fue en este rico semillero de instrumentación musical y canto donde Salomón creció hasta que él mismo fue ungido como rey. Para él, la música y el canto eran una parte normal de la adoración. Por eso, cuando Salomón dedicó el templo, hizo que los sacerdotes tocaran címbalos, instrumentos de cuerda y arpas, y elevaran sus voces al unísono para alabar al Señor. Cuando lo hicieron, la gloria del Señor cayó, ¡y su presencia era tan fuerte que los sacerdotes no podían seguir ministrando! (Véase 2 Crónicas 5:12–14).

No es de sorprender, pues, que Salomón instituyese el canto de salmos como una parte regular de la adoración del templo, incluyendo los salmos graduales, que se cantaban en las escaleras que conducían al lugar santo.

Peldaño a peldaño

Cuando el sacerdote estaba ante el peldaño inferior, peldaño 1, comenzaba a cantar: *"A Jehová clamé estando en angustia, y él me respondió. Libra mi alma, oh Jehová, del labio mentiroso, y de la lengua fraudulenta"* (Salmos 120:1–2). Y luego continuaba subiendo, peldaño a peldaño, cantando un salmo diferente en cada uno de los siguientes catorce peldaños. Por cuestiones de espacio, he incluido solo el primer versículo o dos de cada uno de los Salmos graduales, pero le animo a leerlos todos completos en su Biblia. Así como eran parte integral de la adoración del templo que dirigían los sacerdotes mientras subían por las escaleras para llegar a la presencia de Dios, así el Señor usará estos salmos para acercarle más a Él.

Peldaño 2: *"Alzaré mis ojos a los montes; ¿De dónde vendrá mi socorro? Mi socorro viene de Jehová, que hizo los cielos y la tierra"* (Salmos 121:1–2).

Peldaño 3: *"Yo me alegré con los que me decían: A la casa de Jehová iremos"* (Salmos 122:1).

Peldaño 4: *"A ti alcé mis ojos, a ti que habitas en los cielos"* (Salmos 123:1).

Peldaño 5: *"A no haber estado Jehová por nosotros, cuando se levantaron contra nosotros los hombres, vivos nos habrían tragado entonces... Entonces nos habrían inundado las aguas"* (Salmos 124:2–4).

Peldaño 6: *"Los que confían en Jehová son como el monte de Sion, que no se mueve, sino que permanece para siempre"* (Salmos 125:1).

Peldaño 7: *"Cuando Jehová hiciere volver la cautividad de Sion, seremos como los que sueñan. Entonces nuestra boca se llenará de risa, y nuestra lengua de alabanza"* (Salmos 126:1–2).

Peldaño 8: *"Si Jehová no edificare la casa, en vano trabajan los que la edifican; si Jehová no guardare la ciudad, en vano vela la guardia"* (Salmos 127:1).

Peldaño 9: *"Bienaventurado todo aquel que teme a Jehová, que anda en sus caminos"* (Salmos 128:1).

Peldaño 10: *"Mucho me han angustiado desde mi juventud"* (Salmos 129:1).

Peldaño 11: *"De lo profundo, oh Jehová, a ti clamo. Señor, oye mi voz"* (Salmos 130:1–2).

Peldaño 12: *"Jehová, no se ha envanecido mi corazón, ni mis ojos se enaltecieron; ni anduve en grandezas, ni en cosas demasiado sublimes para mí"* (Salmos 131:1).

Peldaño 13: *"Acuérdate, oh Jehová, de David, y de toda su aflicción; de cómo juró a Jehová, y prometió al Fuerte de Jacob"* (Salmos 132:1–2).

Peldaño 14: *"¡Mirad cuán bueno y cuán delicioso es habitar los hermanos juntos en armonía!"* (Salmos 133:1).

Peldaño 15: *"Mirad, bendecid a Jehová, vosotros todos los siervos de Jehová, los que en la casa de Jehová estáis por las noches"* (Salmos 134:1).

Como Dios usa lo natural para revelar lo espiritual, exploremos el significado de la escalera y cómo estos quince salmos, incorporados en las responsabilidades diarias de los sacerdotes, representan un cofre del tesoro lleno de oro para que nosotros lo descubramos.

El modelo de alabanza de las escaleras

La imagen de un sacerdote cantando alabanzas a Dios mientras sube las escaleras del templo hacia el lugar santo nos ofrece un bello modelo espiritual de cómo nuestra alabanza nos permite subir desde nuestro ensimismamiento y preocupaciones terrenales hasta la presencia de Dios.

En el capítulo 2 compartí con usted que cantar, gritar, tocar instrumentos musicales, aplaudir y danzar eran todas ellas formas de alabar al Señor. A veces conocidos como estilos "davídicos" de adoración debido a las gozosas expresiones que él instituyó en el tabernáculo de Jerusalén, estos pueden ser sacrificios de alabanza muy poderosos. (Véase Hebreos 13:15).

Tristemente, a demasiadas personas nos enseñaron que la manera "correcta" de alabar a Dios es estar piadosamente callados. ¿Sabía que hubo muchos cientos de años en los que la música en la iglesia se silenció? De hecho, cuando Salomón murió, la música, el canto y la danza también murieron como expresiones de adoración en el templo. Aunque hubo algunos reyes buenos después de él que reinstituyeron las expresiones dinámicas de alabanza, cuando nació Jesús, la celebración musical en el templo había cesado. Solo los Salmos graduales continuaron como uso regular de la música y el canto en la adoración.

Aunque hay momentos para que guardemos silencio ante el Señor, la celebración con gozo debería caracterizar nuestros tiempos de alabanza cuando nos reunimos con otros creyentes, así como cuando estamos a solas en nuestros tiempos de quietud con Él. Como vimos en el capítulo 2, debemos ser libres para expresar nuestra alabanza: ¡espíritu, alma *y* cuerpo! Afortunadamente, la mordaza y las cadenas del enemigo sobre el cuerpo de Cristo siguen cayéndose a medida que los creyentes de todo el mundo aprenden a cantar, gritar, aplaudir y danzar ante el Señor ¡con toda su fuerza!

Recuerde: Dios no *necesita* que le alabemos. Somos *nosotros* los que necesitamos alabarle, porque al hacerlo, somos cambiados. Así como los sacerdotes subían los peldaños uno a uno, cantando alabanzas a Dios, declarando la desesperada necesidad de Israel de Él, y testificando de sus asombrosas obras y actos poderosos, así debemos nosotros dar pasos de alabanza cada día reconociendo que nuestra esperanza está solo en Él:

> *Esperé yo a Jehová, esperó mi alma; en su palabra he esperado. Mi alma espera a Jehová más que los centinelas a la mañana... Espere Israel a Jehová, porque en Jehová hay misericordia, y abundante redención con él.* (Salmos 130:5–7)

Solo cuando subamos las escaleras cantando con nuestra voz, mente y espíritu (véase 1 Corintios 14:15) seremos capaces de acceder al lugar santo y tener comunión con Dios en el Lugar Santísimo. Debemos ser sacerdotes que suben los "peldaños" hacia la madurez espiritual con nuestra alabanza, proclamando la grandeza y la bondad de Dios.

> *Mas vosotros sois linaje escogido, real sacerdocio, nación santa, pueblo adquirido por Dios, para que anunciéis las virtudes de aquel que os llamó de las tinieblas a su luz admirable.*
>
> (1 Pedro 2:9)

Bendiga al Señor

Aunque Pablo escribió su carta a los creyentes en la iglesia de Colosas hace más de dos mil años, sus palabras siguen vivas con significado para nosotros hoy. Él nos dio esta advertencia: "*La palabra de Cristo more en abundancia en vosotros, enseñándoos y exhortándoos unos a otros en toda sabiduría, cantando con gracia en vuestros corazones al Señor con salmos e himnos y cánticos espirituales*" (Colosenses 3:16).

Amigo mío, ¡ha llegado el momento de que cantemos!

Cuando el sacerdote llegaba al decimoquinto y último peldaño antes de entrar en el lugar santo del templo, alzaba sus manos y cantaba el último Salmo gradual, del Salmo 134:

> *Mirad, bendecid a Jehová, vosotros todos los siervos de Jehová, los que en la casa de Jehová estáis por las noches. Alzad vuestras manos al santuario, y bendecid a Jehová. Desde Sion te bendiga Jehová, el cual ha hecho los cielos y la tierra.* (Salmos 134:1–3)

Mientras continuamos con nuestro camino a la presencia de Dios y nos preparamos para entrar en el lugar santo, nosotros también alzamos nuestras manos y bendecimos al Señor, y que Dios nos bendiga a cambio con una relación íntima con Él cada vez mayor.

Para profundizar

1. ¿Le resulta fácil expresar su alabanza abierta y gozosamente al Señor con su espíritu, alma *y* cuerpo, o es más fácil guardar silencio ante Él? ¿Por qué?

2. ¿Es la alabanza una parte regular de sus tiempos de adoración personal y colectiva? ¿Por qué o por qué no?

3. Lea todos los Salmos graduales. ¿Cuál de estos salmos refleja mejor su corazón y las circunstancias de su vida ahora mismo?

4. Pase tiempo con el Señor, alabándole por sus maravillosas obras. Recuerde: los Salmos se compusieron originalmente como canciones. Si así lo desea, escoja uno de los Salmos graduales y haga una pequeña melodía en su corazón. Cante el salmo al Señor como una expresión de su amor por Él. Si prefiere no cantar, entonces lea el salmo en voz alta a Él y bendiga su santo nombre.

15

ACEITE FRESCO

"Lámpara es a mis pies tu palabra, y lumbrera a mi camino".
—Salmos 119:105

Recuerda la tercera palabra que Dios me dio esa mañana que cambió mi vida hace tanto tiempo? Después de decirme que debía *arrepentirme* y *alabar,* dijo: *David, quiero que me adores cuando vengas a mi presencia.*

Compartí con usted en el capítulo 2 que nuestra alabanza es una expresión llena de gozo por lo que Dios *hace,* mientras que la adoración expresa nuestro amor y adoración por lo que Dios *es.* Entonces, en el último capítulo exploramos el tesoro escondido de Dios en los Salmos graduales y cómo nuestra alabanza es una escalera que nos lleva hacia arriba en nuestro camino a la presencia de Dios.

Ahora que hemos subido los peldaños de la alabanza, quiero dedicar los siguientes tres capítulos a enfocarme en nuestra adoración a Dios minando el "oro" del lugar santo. Concretamente, vamos a examinar los tres asombrosos elementos de mobiliario que contiene este espacio santo para descubrir lo valiosos que son en nuestra búsqueda de intimidad con el Señor.

En el capítulo anterior, vimos los peldaños del templo desde los atrios hasta el lugar santo. Sin embargo, las escaleras no eran parte del tabernáculo en el desierto. Vamos a regresar al tabernáculo para ver la imagen distinta que Dios nos ha dibujado ahí.

Tras ofrecer un sacrificio de sangre sobre el altar de bronce y lavarse en la fuente de bronce en los atrios, el sacerdote pasaba al lugar santo, que estaba formado a base de cortinas de lino fino y medía 100 metros cuadrados. Contenía solo tres elementos: el candelero de oro, la mesa de los panes y el altar del incienso.

Moisés había construido estas piezas según el modelo que Dios le había dado en el monte, y cada pieza tiene un significado increíble para los que buscamos el camino a la presencia de Dios. Primero, veamos más de cerca el candelero de oro. (Véase figura de referencia A-2).

El candelero de oro

En los atrios, el sol brillaba e iluminaba de día y la luna de noche. Pero cuando el sacerdote entraba en el lugar santo, sus ojos tenían que ajustarse a la casi oscuridad, la cual rompía tan solo la luz procedente del candelero de oro a su izquierda. Encontramos una descripción de este elemento en Éxodo:

> *Harás además un candelero de oro puro; labrado a martillo se hará el candelero; su pie, su caña, sus copas, sus manzanas y sus flores, serán de lo mismo. Y saldrán seis brazos de sus lados; tres brazos del candelero a un lado, y tres brazos al otro lado. Tres copas en forma de flor de almendro en un brazo, una manzana y una flor; y tres copas en forma de flor de almendro en otro brazo, una manzana y una flor; así en los seis brazos que salen del candelero; y en la caña central del candelero cuatro copas en forma de flor de almendro, sus manzanas y sus flores. Habrá*

> *una manzana debajo de dos brazos del mismo, otra manzana debajo de otros dos brazos del mismo, y otra manzana debajo de los otros dos brazos del mismo, así para los seis brazos que salen del candelero. Sus manzanas y sus brazos serán de una pieza, todo ello una pieza labrada a martillo, de oro puro. Y le harás siete lamparillas, las cuales encenderás para que alumbren hacia adelante. También sus despabiladeras y sus platillos, de oro puro. De un talento de oro fino lo harás, con todos estos utensilios. Mira y hazlos conforme al modelo que te ha sido mostrado en el monte.* (Éxodo 25:31–40)

Todo el candelero estaba labrado a martillo de una sola pieza de oro puro, con un gran brazo central que tenía tres brazos a la izquierda y tres brazos a la derecha, haciendo un total de siete brazos.

Como mencioné antes, los números son importantes para Dios, y Él los usa para revelar verdades espirituales. El número *siete* es importante en toda la Biblia, e indica perfección. Juan escribió siete mensajes a siete iglesias. (Véase Apocalipsis 2–3). Apocalipsis 5:6 e Isaías 11:2 hablan de los siete espíritus de Dios. Hay siete continentes en el planeta tierra. Y hay siete brazos en el candelero.

Al igual que la fuente de bronce en los atrios, Dios no mandó unas medidas específicas para este candelero. Sin embargo, fue muy específico acerca de lo que debía contener cada uno de los seis brazos:

- Tres copas para contener el aceite y la mecha
- Tres manzanas de almendro
- Tres flores de almendro

Es importante observar que había un total de nueve elementos labrados en *cada* uno de los seis brazos laterales. El eje central tenía cuatro conjuntos, de copas, manzanas y flores de almendro, haciendo un total de doce piezas labradas. Regresaremos a esto en unos minutos.

Un trabajo sacerdotal

Además de abrir y cerrar las puertas del templo, ofrecer sacrificios diarios y limpiar las cenizas del día anterior del altar de bronce, los sacerdotes también tenían responsabilidades diarias dentro del lugar santo, una de las cuales era cuidar del candelero. Dios le dijo a Moisés lo que debían incluir las tareas básicas de los sacerdotes en cuanto a esta importante pieza del mobiliario:

> *Manda a los hijos de Israel que te traigan para el alumbrado aceite puro de olivas machacadas, para hacer arder las lámparas continuamente... las dispondrá Aarón desde la tarde hasta la mañana delante de Jehová; es estatuto perpetuo por vuestras generaciones. Sobre el candelero limpio pondrá siempre en orden las lámparas delante de Jehová.* (Levítico 24:2–4)

Cada mañana y cada tarde, un sacerdote entraba en el lugar santo, llevando con él un frasco de aceite puro de oliva, un par de tijeras y una sartén llena de carbones ardiendo del altar de bronce y mechas nuevas hechas de las túnicas usadas de los sacerdotes. Una vez dentro, inspeccionaba cuidadosamente el candelero para ver si había que...

- rellenar alguna de las copas que se hubiera quedado sin aceite.
- cortar alguna mecha endurecida que no dejara pasar bien el aceite. (Nota: Los trozos de mechas cortados se sacaban fuera del campamento después y se enterraban).
- poner mechas nuevas en las lámparas que las necesitasen.
- volver a encender cualquier mecha que se hubiera apagado, usando el carbón del altar de bronce de los atrios.

¿Por qué era tan importante el candelero de oro para Dios, y por qué es importante para nosotros hoy día? Cavemos en busca del tesoro escondido en la Palabra.

"Lámpara es a mis pies tu palabra"

Como ya he mencionado, según Éxodo 25:31–40 había un total de nueve elementos labrados en *cada* uno de los seis brazos laterales. El brazo central tenía un total de doce piezas labradas.

Si sumamos todas las copas, manzanas y flores de los tres brazos de la izquierda del brazo central, hay 27 piezas labradas (9 × 3 = 27). Si sumamos 27 a las 12 piezas labradas del brazo central, suma un total de 39 piezas labradas (27 + 12 = 39). ¿Sabe cuántos libros hay en el Antiguo Testamento? ¡Treinta y nueve!

Después, si contamos el número de todas las copas, manzanas y flores de los tres brazos de la derecha del brazo central, de nuevo obtenemos el número 27. ¿Cuántos libros hay en el Nuevo Testamento? ¡Veintisiete!

Sumando estos dos números, obtenemos el número 66: el número de libros que tiene la Biblia. Así que si sumamos todas las copas, manzanas y flores de todos los brazos del candelero, obtenemos 66 (39 + 27 = 66). ¿Cuántos libros hay en toda la Biblia? ***¡66!*** ¡Sorprendente! Había 66 copas, manzanas y flores en el candelero, ¡y hay 66 libros en la Biblia!

Como sabemos que Dios usa lo natural para revelar lo espiritual, debemos preguntar qué nos está diciendo Él en el modelo del candelero de oro. ¿Cuál es el significado? ¡La Palabra de Dios es nuestra fuente de iluminación!

Para aquellos que quieren leer solo el Nuevo Testamento, o para aquellos que prefieren estudiar solo el Antiguo Testamento, yo digo: "No se puede enfocar exclusivamente en los treinta y nueve libros del Antiguo Testamento o los veintisiete libros del Nuevo Testamento. ¡Se necesitan los 66 libros de la Biblia para iluminar toda la revelación de la Palabra de Dios!".

Aunque se escribieron cientos de manuscritos religiosos en los primeros siglos de la iglesia primitiva, los padres de la iglesia escogieron solo sesenta y seis para canonizarlos como Palabra de Dios.

He escuchado a eruditos hacer referencia a los "libros perdidos" de la Biblia, como el Evangelio de Judas o el Evangelio según Tomás. Debaten que ciertos Evangelios gnósticos deberían haber sido incluidos pero los dejaron fuera de las Escrituras a propósito.

Sin embargo, cuando descubrimos el patrón de la Palabra de Dios escondido en el candelero, es evidente que el Espíritu Santo guió sobrenaturalmente a los responsables de decidir qué incluir y qué excluir de la Biblia en su selección. Dios mismo escogió el número de libros destinados a ser incluidos en su Santa Palabra mucho antes de que se escribiera incluso la Torá, el Antiguo Testamento escrito, o el Antiguo y Nuevo Testamentos compilados y canonizados.

Cuando entendemos que uno de los modelos importantes de Dios reflejado en el candelero de oro es el poder iluminador de su Palabra, este versículo toma un nuevo significado: "*Lámpara es a mis pies tu palabra, y lumbrera a mi camino*" (Salmos 119:105).

Cuando necesitamos dirección, la Palabra de Dios es una lámpara que nos muestra el camino. Cuando necesitamos ánimo, la Palabra de Dios es una luz de esperanza. Cuando necesitamos arrepentimiento, la Palabra de Dios brilla en nuestra oscuridad. Cuando necesitamos sabiduría, la Palabra de Dios ilumina nuestro camino. Cuando necesitamos acordarnos de su amor, la Palabra de Dios es una llama de reafirmación.

La luz del mundo

El candelero de oro era la única fuente de luz en el lugar santo, que de no ser por él sería oscuro. Del mismo modo, Jesucristo es la única fuente de Luz en un mundo oscurecido por el pecado. Jesús dijo: "*Yo soy la luz del mundo; el que me sigue, no andará en tinieblas, sino que tendrá la luz de la vida*" (Juan 8:12). Y a sus discípulos, incluyéndonos nosotros hoy, Jesús dice: "*Vosotros sois la luz del mundo; una ciudad asentada sobre un monte no se puede esconder. Ni se enciende una luz y se pone debajo de un almud, sino sobre el candelero, y alumbra a todos los que están en casa*" (Mateo 5:14–15). Así como el brillante candelero de oro ardiendo permitía que el sacerdote viera en el lugar santo, nosotros como creyentes estamos llamados a ser una ciudad asentada en una colina, brillando con fuerza para los perdidos y todos aquellos que buscan su camino a Dios.

El aceite de oliva que avivaba el candelero representa la iluminación, la presencia, el poder y la gloria del Espíritu Santo, de quien obtenemos nuestro "combustible" para dar luz a otros.

Los perdidos en la oscuridad serán atraídos a la Luz de Jesús que brilla en nosotros, mientras le permitamos brillar con intensidad en nuestra vida. Para que esto ocurra, debemos ser conformados cada vez más a la imagen de Jesús, una transformación que necesita un cambio en nuestro proceso mental. Pablo dijo: *"Haya, pues, en vosotros este sentir que hubo también en Cristo Jesús"* (Filipenses 2:5). Debemos tener la mente de Cristo. Debemos pensar sus pensamientos.

El candelero estaba hecho con oro labrado a martillo, lo cual habla de la artesanía y el proceso de moldear y dar forma al metal. Del mismo modo, Dios quiere moldear y dar forma a nuestros corazones y mentes para que seamos conformados a la imagen de su Hijo. La iluminación de nuestra mente depende del grado en que decidamos ceder y someter nuestra voluntad a la de Dios.

El proceso de conformar nuestra vida mental a la mente de Cristo no es algo que seamos capaces de hacer por nosotros mismos. Debemos depender del Espíritu Santo para obtener el poder y la fuerza para cambiar. No es fácil o automático, pero Dios ha usado la imagen natural de las mechas del candelero para mostrarnos lo que Él espera y para demostrar que es posible que nosotros seamos *"una ciudad asentada sobre un monte"*: una luz para un mundo oscuro y moribundo.

Cortar nuestras mechas

Dos veces al día, el sacerdote entraba en el lugar santo para cortar cualquier mecha endurecida u obstruida, porque las mechas sin cortar, endurecidas u obstruidas no ardían. ¿Qué patrón nos está revelando Dios mediante esta práctica?

Cada uno de nosotros somos un sacerdote llamado a ofrecer sacrificios espirituales a Dios (véase 1 Pedro 2:5), y nuestro cuerpo es el templo del Espíritu Santo (véase 1 Corintios 6:19). Una de nuestras responsabilidades diarias es visitar el "lugar santo" de nuestra vida, el lugar donde nuestra mente, voluntad y emociones moran, y estar delante del candelero espiritual, Jesucristo y el poder iluminador de la Palabra de Dios, para cortar nuestra mecha y asegurarnos de que nuestra lámpara sigue ardiendo con fuerza para Él.

En el capítulo 8 hablamos acerca de la necesidad vital de guardar nuestras "puertas" ante las cosas inmundas a las que les hemos permitido el acceso a nuestro templo personal. Esos mismos pecados también "obstruyen nuestra mecha" e impiden el aceite de la unción y el poder del Espíritu Santo. Hay veces en que queremos entrar en el lugar santo y acercarnos a la presencia de Dios, pero no podemos, porque nuestra mecha se ha obstruido y el fuego se ha extinguido.

¿Cómo volvemos a encender el fuego? Le pedimos a Dios que derrame el aceite de su Espíritu Santo sobre nosotros nuevamente. Actuamos como los sacerdotes de nuestro templo y cortamos la mecha, expulsando cualquier parte de nuestro corazón que se haya endurecido por el pecado o la negligencia. Confesamos nuestros pecados a Dios, le pedimos perdón y luego volvemos a encender la llama con los carbones del altar de bronce de arrepentimiento.

Una responsabilidad personal

Así como los sacerdotes del tabernáculo tenían que revisar el aceite de las copas, cortar las mechas endurecidas y volver a encender la llama, yo soy responsable de mantener mi candelero. Si de algún modo me quedase sin aceite, la presencia del Espíritu Santo, debo pedirle a Dios que lo rellene.

No puedo esperar que Él diga: "David, parece que estás un poco seco, hijo. Déjame que te llene". Este no es el modelo que Él nos ha dado en las Escrituras. Dios no rellenó sobrenaturalmente las copas del candelero con aceite, y no va a llenarme automáticamente con su

Espíritu Santo cuando yo esté seco. Sí, Él me *llenará*, pero es *mi* responsabilidad acudir a Él en humildad y pedírselo.

No era la tarea de Dios cortar las mechas endurecidas del candelero. Él no descendió del cielo con unas tijeras gigantes y dijo: "Aquí estoy, déjame cortar esto". Era la tarea del sacerdote, así como tampoco es la tarea de Dios descender y automáticamente cortar el pecado de nuestra vida. Es responsabilidad nuestra responder, cuando el Espíritu Santo nos convenza de pecado, arrepintiéndonos ante Dios y confiando en la sangre sacrificial de Jesucristo del altar de bronce para cubrir nuestros pecados.

Dios no tomó un carbón del altar del atrio y volvió a encender las mechas extinguidas; el sacerdote tenía que hacerlo. Y si queremos que la llama extinguida de nuestra mecha vuelva a arder, debemos ir al altar, confesar nuestras transgresiones diariamente y permitir que los carbones del fuego que nunca se extingue vuelvan a quemar nuestra mecha.

Cuidado con las "obstrucciones en la mecha"

¿Cuáles son algunas de las cosas que pueden provocar que nuestra mecha se obstruya o endurezca y finalmente se apague?

- Las preocupaciones de este mundo
- Agendas muy ocupadas
- Nuestro propio pecado
- Enfermedad
- Problemas matrimoniales
- Hijos rebeldes
- Crisis económicas
- La pérdida de un ser querido
- Vergüenza por errores del pasado
- Amargura y falta de perdón

- Decepción con Dios, nosotros mismos y otras personas
- Y cosas semejantes

Independientemente de por qué nos hayamos quedado sin el aceite del Espíritu Santo, es el momento de acudir a Dios y pedirle que nos dé el aceite fresco de su Espíritu Santo. Es el momento de cortar las mechas muertas de nuestra vida que se han obstruido y deshacerse de las cosas que están provocando que nuestro corazón se endurezca contra el Señor. Es el momento de ir al altar del arrepentimiento y recibir fuego fresco. Al hacerlo, estaremos preparados para adorar verdaderamente al Señor, para ir más allá de alabarle por lo que ha hecho y está haciendo, y progresar hacia una expresión sincera de admiración y adoración por quien Él es.

Hemos llegado lejos en el camino a la presencia de Dios, desde las puertas hasta el altar de bronce y hasta las escaleras que conducen al lugar santo y nos hemos adentrado en el lugar santo, donde el candelero de oro ilumina nuestros pasos, alimentado por el aceite del Espíritu Santo.

En este lugar, recibimos un hondo sentimiento de su presencia y una degustación de la intimidad que nos espera en el Lugar Santísimo. Pero no hemos llegado aún. Todavía hay dos utensilios más que debemos examinar en el lugar santo, dos imágenes espirituales más para considerar; dos tesoros enterrados más que debemos cavar para encontrar.

Acompáñeme para examinar la mesa de los panes. ¡Adoremos juntos al Señor!

Para profundizar

1. Regrese y repase la lista de cosas que pueden obstruir nuestras "mechas". ¿Cuál de ellas se aplica a usted? Como sacerdote de su templo, ¿cómo "cortará su mecha"?

2. El aceite del candelero representa el aceite del Espíritu Santo. ¿En qué áreas de su vida necesita recibir aceite fresco de Él?

3. Para volver a encender una llama extinguida, el sacerdote usaba un carbón encendido del altar de bronce del arrepentimiento. ¿Hay un pecado persistente en su vida que haya provocado que se extinga el fuego de su mecha?

4. Pase un tiempo con el Señor. Invítele a mostrarle todo lo que esté obstaculizando su mecha, y luego arrepiéntase de ello. Lea su Palabra para iluminar cualquier área oscura en su vida. Ore para que el Espíritu Santo se derrame sobre usted como aceite fresco y para que su santa llama vuelva a arder en su corazón.

16

EL PAN DE CADA DÍA

"Yo soy el pan de vida".
—Juan 6:48

Otro nombre para el lugar santo era "los atrios interiores". La palabra hebrea para *santo* es *qadosh*, que significa "apartado; dedicado para propósitos sagrados". Aunque los israelitas podían acceder a los atrios exteriores del tabernáculo, solo los sacerdotes que estaban ceremonialmente limpios podían entrar en los atrios interiores, lugar que Dios había apartado como un lugar santo y sagrado para adorarle.

En este lugar de adoración, examinemos el modelo de la segunda de las tres piezas del mobiliario que había en los atrios interiores: la mesa de los panes. (Véase figura de referencia B-1). Otro nombre usado en las Escrituras para "mesa de los panes" era "*pan de la proposición*". (Véase, por ejemplo, Éxodo 25:30). Claramente, el Señor estaba en este lugar santo. ¿Qué nos está diciendo su modelo?

La mesa de los panes

Cuando el sacerdote entraba en los atrios interiores, la mesa de los panes quedaba a su derecha, justamente enfrente del candelero de oro, el cual hacía brillar su luz sobre la mesa. El siguiente pasaje de Éxodo 25 nos aporta una descripción de este elemento fascinante del mobiliario:

> *Harás asimismo una mesa de madera de acacia; su longitud será de dos codos, y de un codo su anchura, y su altura de codo y medio. Y la cubrirás de oro puro, y le harás una cornisa de oro alrededor. Le harás también una moldura alrededor, de un palmo menor de anchura, y harás a la moldura una cornisa de oro alrededor. Y le harás cuatro anillos de oro, los cuales pondrás en las cuatro esquinas que corresponden a sus cuatro patas. Los anillos estarán debajo de la moldura, para lugares de las varas para llevar la mesa. Harás las varas de madera de acacia, y las cubrirás de oro, y con ellas será llevada la mesa. Harás también sus platos, sus cucharas, sus cubiertas y sus tazones, con que se libará; de oro fino los harás. Y pondrás sobre la mesa el pan de la proposición delante de mí continuamente.* (Éxodo 25:23–30)

Según estas indicaciones, la mesa de los panes era bastante pequeña, de solo un metro de longitud, algo más de un metro de anchura y poco menos de un metro de altura. Sin embargo, como estaba hecha de madera de acacia y cubierta de oro, era pesada, probablemente pasaba de los cien kilos de peso.

Los sacerdotes eran responsables de cocinar el pan que ponían en la mesa. (Véase 1 Crónicas 9:32; 23:29). Usaban la harina de trigo más fina para hacer doce masas redondas y grandes de pan, las cuales reemplazaban cada día de reposo. Según las instrucciones de Dios, el pan se colocaba en la mesa en dos filas una enfrente de la otra, con seis panes en cada fila. También había boles de incienso sobre la mesa. (Véase Levítico 24:5–9).

Cuando ponían en ella los panes frescos, los sacerdotes que servían debían consumir el pan de la semana anterior mientras estaban aún en el lugar santo. La tradición rabínica dice que incluso aunque llevaban una semana allí, cuando los sacerdotes se comían los panes, aún estaba calientes y frescos, como cuando los pusieron allí el primer día.

El modelo espiritual de la mesa está tan cargado de significado para nosotros hoy que no tenemos que cavar muy hondo para encontrar el tesoro que Dios ha escondido para nosotros en estos panes fragantes.

El pan de nuestra voluntad

Creo que una de las cosas que simboliza el pan en la Escritura es la fortaleza de nuestra voluntad.

- *"Con el sudor de tu rostro comerás el* ***pan*** *hasta que vuelvas a la tierra"* (Génesis 3:19). Solo esforzándose y con la fuerza de su voluntad comerían el pan Adán y Eva.
- *"Te ruego, pues, que tú también oigas la voz de tu sierva; pondré yo delante de ti un bocado de* ***pan*** *para que comas, a fin de que cobres* ***fuerzas****, y sigas tu camino"* (1 Samuel 28:22). Comer pan aportó fuerza física y perseverancia para continuar.
- *"El hace... el vino que alegra el corazón del hombre, el aceite que hace brillar el rostro, y el* ***pan*** *que* ***sustenta*** *la vida del hombre"* (Salmos 104:14–15). El pan da fuerza al corazón, lo cual habla de nuestras emociones y nuestra *voluntad*.

Quiero ofrecerle ocho verdades que creo que Dios ha revelado mediante el modelo de la mesa de los panes, con respecto a nuestra voluntad.

Verdad 1: La mesa de los panes estaba en la presencia del Señor veinticuatro horas al día. Del mismo modo, debemos asegurarnos de que nuestra voluntad esté alineada con la voluntad de Dios poniéndola delante de Él 24/7 para que Él la inspeccione.

Verdad 2: Los panes estaban hechos de la harina de trigo más fina, que según la tradición rabínica, se molía haciéndola pasar a través de once tamices. Del mismo modo, nuestra voluntad es aceptable para Dios solo cuando ha sido "molida" y refinada tanto como esa harina.

Verdad 3: Cada torta de pan tenía que ser moldeada, así como nuestra voluntad debe ser moldeada según la voluntad de Dios.

Verdad 4: Después de moldear el pan, se cocinaba en un horno caliente. El calor representa la prueba. No debemos verlo como algo extraño cuando pasamos por pruebas ardientes; es simplemente el "pan" de nuestra voluntad que está siendo probada y purificada.

Verdad 5: Los panes se ponían en la mesa siguiendo cierto orden que Dios mismo había mostrado. Nosotros también debemos permitir que nuestras vidas sean ordenadas y estructuradas por Dios. Sin su disciplina, no podemos ser verdaderos discípulos.

Verdad 6: Los panes estaban rodeados de incienso. En las Escrituras, el incienso representa adoración. Nuestra fortaleza para hacer la voluntad de Dios llega en gran parte mediante nuestra adoración a Él.

Verdad 7: Como el pan era precioso, había un borde protector alrededor de la mesa para impedir que las migas se cayeran al suelo. La protección de nuestra voluntad se encuentra en Lucas 21:36: "*Velad, pues, en todo tiempo **orando***". Nuestra voluntad está protegida cuando velamos y oramos.

Verdad 8: Los panes se reemplazaban por otros frescos semanalmente. Esto habla de nuestra necesidad de estar dedicando regularmente nuestra voluntad a Dios. Como

Jesús, no debemos buscar hacer nuestra propia voluntad, sino más bien "*la voluntad del que me envió* [a Jesús]" (Juan 5:30).

Maná fresco

Los panes son también una imagen espiritual de la Palabra de Dios.

Dios demanda a los sacerdotes que suplan regularmente pan fresco para el lugar santo, como una imagen del maná que Él suplió para los hijos de Israel, para sostenerles, fortalecerles y nutrirles en el desierto. Sin él, ellos hubieran muerto. Cada mañana, los israelitas salían y recogían el maná necesario para ese día. Cuando intentaron recoger más cantidad para el día siguiente, "*crió gusanos, y hedió*" (Éxodo 16:20).

Recuerde: Dios usa lo natural para revelar lo espiritual. ¿Cuál es el modelo que Él quiere que veamos en el maná? Es este: dependemos de Él para nuestro pan cotidiano. Debemos acudir a Él cada día para recibir alimento espiritual de su Palabra, nutrientes que nos sostendrán y fortalecerán para hacer todo lo que Él nos llama a hacer.

No podemos simplemente "comer la Palabra" en la iglesia el domingo y esperar que eso aporte toda la fortaleza espiritual que necesitaremos para toda esa semana. No, sino que al igual que los israelitas en el desierto, debemos reunir lo que necesitamos del Señor cada día. Tristemente, muchos creyentes pasan días, semanas, meses e incluso años sin buscar la fortaleza espiritual de su Palabra.

En lo natural, si intentamos estar todo ese tiempo sin una comida, ¿qué ocurriría? *Moriríamos*. Y créame, no serían necesarios meses ni años. Si no comiéramos, la mayoría probablemente moriríamos en cuarenta o cincuenta días. *Debemos* comer para vivir, no una vez a la semana, ni una vez al mes, sino *cada* día. Hay serias consecuencias de salud cuando decidimos dejar de comer o somos negligentes con nuestro cuerpo y le damos una dieta regular de comida basura.

Dios puso la ley natural de la autopreservación en el mundo. Usted tiene que comer para vivir. No tiene que creer esa ley, pero si rompe la ley, pagará el precio. Siempre hay consecuencias por la desobediencia.

Del mismo modo, para que podamos estar espiritualmente vivos y sanos, debemos comer diariamente de la mesa del Señor y alimentarnos de su Palabra que nos da vida. Todo lo que no sea esto nos deja débiles y desnutridos, y hace que nuestro sistema inmune espiritual sea vulnerable ante los ataques. Cuando nos sentimos espiritualmente débiles, temerosos, tentados o distraídos con pensamientos impuros, tenemos que considerar que pudiéramos estar espiritualmente desnutridos. Si es así, lo único que debemos hacer es ¡comenzar a alimentarnos regularmente de la Palabra de Dios!

De nuevo, Dios está usando lo natural para revelar lo espiritual. El alimento espiritual viene de "comer" la Palabra.

El pan nuestro de cada día

Cuando Jesús fue tentado por Satanás en el desierto para que convirtiera las piedras en pan, respondió citando Deuteronomio 8:3, que dice:

> *Y te afligió, y te hizo tener hambre, y te sustentó con maná, comida que no conocías tú, ni tus padres la habían conocido, para hacerte saber que no sólo de pan vivirá el hombre, mas de todo lo que sale de la boca de Jehová vivirá el hombre.*

Aunque Jesús estaba físicamente débil debido a su ayuno de cuarenta días, pudo vencer la tentación del enemigo porque estaba espiritualmente fuerte por comer el pan de la Palabra de Dios. (Véase Mateo 4:4; Lucas 4:4).

Cuando los discípulos le pidieron a Jesús que les enseñase a orar, una de las cosas que les enseñó a pedir al Padre fue: "*El pan nuestro de cada día, dánoslo hoy*" (Lucas 11:3). ¿Estaba hablando acerca del pan físico? ¡Sí! ¿Estaba hablando acerca del pan espiritual? ¡Sí!

La Escritura dice que Jesús pasaba tiempo con Dios en la mañana (véase Marcos 1:35) y en la noche (véase Mateo 14:23). David también oraba en la mañana (véase Salmos 59:16) y en la noche (véase Salmos 141:2). Personalmente, prefiero pasar tiempo con el Señor y leer mi Biblia en la mañana. Una vez que comienza mi día, voy en cincuenta direcciones distintas, y no hay forma de detenerlo, así que si quiero "comer" la Palabra, tengo que levantarme temprano y pasar tiempo con el Señor.

Sin embargo, la hora del día que decidamos para pasar tiempo con Dios para recibir alimento y fortaleza de Él y su Palabra no es tan importante como el hecho de que *lo hagamos*.

El pan del cielo

Los panes también revelan el modelo de Jesús como nuestro Pan del cielo.

En Juan 6, recordando que Jesús había multiplicado milagrosamente panes y peces para alimentar a cinco mil personas, la gente demandó otra señal de que verdaderamente Él había sido enviado por Dios. Hablaron del maná del cielo, el cual Dios había provisto para sus antepasados en el desierto, quizá con la esperanza de que Jesús hiciera un milagro similar ese día. Sin embargo, Él respondió diciéndoles:

> *De cierto, de cierto os digo: No os dio Moisés el pan del cielo, mas mi Padre os da el verdadero pan del cielo. Porque el pan de Dios es aquel que descendió del cielo y da vida al mundo… Yo soy el pan de vida. Vuestros padres comieron el maná en el desierto, y murieron. Este es el pan que desciende del cielo, para que el que de él come, no muera. Yo soy el pan vivo que descendió del cielo; si alguno comiere de este pan, vivirá para siempre; y el pan que yo daré es mi carne, la cual yo daré por la vida del mundo.*
> (Juan 6:32–33; 48–51)

Jesús estaba intentando enseñarles el modelo: "¡*Yo* soy el maná! ¡*Yo* soy el pan de la propiciación". Pero ellos no podían entender el significado espiritual porque estaban demasiado preocupados con lo natural.

Cuando los discípulos celebraron la última cena de Pascua que compartirían con Jesús en la tierra, Él les dio una poderosa imagen espiritual. Él partió el pan, lo bendijo, y declaró: *"Tomad, comed; esto es mi cuerpo"* (Mateo 26:26). En las Escrituras, la levadura representa el pecado; así como el pan de la Pascua no tenía levadura, del mismo modo Jesús no tenía levadura en Él. Los discípulos debieron de haberse quedado anonadados al darse cuenta de que Jesús les estaba diciendo que el pan sin levadura que estaban comiendo en lo natural simbolizaba que Él era su pan espiritual.

En la antigua liturgia de la Comunión de la iglesia, cuando llega el momento de comer el pan, el ministro dice: "Cómanlo en su corazón, por la fe, con agradecimiento". Cada vez que realizamos la Comunión, reconocemos que el pan que comemos simboliza el cuerpo de Jesús, que fue partido por nosotros en la cruz. Al cumplir el sacramento de la Comunión, estamos obedeciendo su mandamiento de recordarle (véase Lucas 22:19), y cuando lo hacemos, estamos volviéndonos a encomendar a Él, como nuestro Salvador y Señor.

Así como Jesús invitó a sus discípulos a "tomar y comer", Él nos invita a hacer lo mismo. "Tomar y comer" significa...

- decidir someter la fuerza de su voluntad a la voluntad de Dios.
- consumir el pan de la Palabra de Dios diariamente.
- alimentarse de Jesucristo, su maná enviado de Dios.

Cuando recibimos a Jesús como nuestro Pan, encontramos que nuestro espíritu cada vez se vuelve más fuerte, sano y nutrido; y como Jesús, podremos vencer las tentaciones del maligno.

En los atrios interiores, hemos examinado el candelero y la mesa de los panes de la proposición y hemos descubierto cómo estos dos utensilios forman juntos una imagen poderosa y un modelo de la Luz de la Palabra y la Luz de Cristo, el Pan de la Palabra y el Pan del cielo.

Pero hay aún una pieza vital más del mobiliario para estudiar en el lugar santo antes de continuar en el camino hacia la intimidad de la presencia de Dios y avanzar más allá del velo para entrar en el Lugar Santísimo.

Para profundizar

1. ¿Se describiría a sí mismo como una persona con una voluntad fuerte? ¿De qué formas ha conformado usted su voluntad a la voluntad de Dios? ¿Qué áreas de su vida aún tiene que someter a Él?

2. ¿Con qué frecuencia está usted "comiendo" la Palabra de Dios? ¿Diariamente? ¿Semanalmente? ¿Mensualmente? ¿Solo los domingos? ¿Nunca? ¿Cómo han impactado en su caminar con el Señor y la intimidad de su relación con Él sus "hábitos alimenticios" diarios?

3. *Comunión* es una palabra formada por la combinación de dos palabras: *común* y *unión*. ¿Describiría su relación con el Señor como una "común unión"? ¿Por qué o por qué no?

4. Pase un tiempo con el Señor. Dígale que su corazón anhela intimar con Él. Confiese cualquier área de su vida que tenga miedo o no esté dispuesto a someter a la voluntad de Él, y clame pidiendo el valor, la gracia y la fortaleza de Él para ayudarle. Pídale a Dios que le muestre dónde, cómo y cuándo quiere Él que usted se alimente de su Palabra diariamente, y luego ¡comience a darse un festín con alegría!

17

UN SACRIFICIO FRAGANTE

"Suba mi oración delante de ti como el incienso, el don de mis manos como la ofrenda de la tarde".
—Salmos 141:2

Aunque los atrios era un lugar de ruido y actividad, el lugar santo era un lugar de quietud y calma. Aparte de las pocas responsabilidades que el sacerdote tenía que realizar, no había mucho más que hacer. La actividad frenética no era algo relacionado con el lugar santo.

Aquí, el espíritu del sacerdote podía descansar con más facilidad. Aquí, podía arrodillarse calladamente en reverencia ante el Altísimo. Aquí, podía casi oír las palabras del profeta: *"Mas Jehová está en su santo templo; calle delante de él toda la tierra"* (Habacuc 2:20).

El lugar santo era un lugar de adoración, pero no un lugar para alegres celebraciones con cantos, palmas y danzas. Más bien, el lugar santo era un lugar de silencio, que, en sí mismo, puede ser una forma de adoración. Incluso el cielo a veces es un lugar de adoración silenciosa:

> *Cuando abrió el séptimo sello, se hizo silencio en el cielo como por media hora. Y vi a los siete ángeles que estaban en pie ante Dios; y se les dieron siete trompetas. Otro ángel vino entonces y se paró ante el altar, con un incensario de oro; y se le dio mucho incienso para añadirlo a las oraciones de todos los santos, sobre el altar de oro que estaba delante del trono. Y de la mano del ángel subió a la presencia de Dios el humo del incienso con las oraciones de los santos.* (Apocalipsis 8:1–4)

De este pasaje, descubrimos que hay un altar de oro y "*mucho incienso*" en el templo del cielo. También sabemos por Éxodo 30 que hay un altar de oro e incienso en el lugar santo del tabernáculo terrenal. (Véase figura de referencia B-2). Como el cielo es de donde Dios le dio a Moisés el modelo para edificar el tabernáculo en el desierto, tiene mucho sentido pensar que hay un altar de oro e incienso también en el lugar santo.

Y es a este altar de oro y el incienso del lugar santo donde dirigimos ahora nuestra atención.

El altar del incienso

Cuando el sacerdote entraba en el lugar santo del tabernáculo, el candelero de oro quedaba a su izquierda; la mesa de los panes de la proposición estaba a su derecha, justo enfrente del candelero; y el altar de oro del incienso estaba justo enfrente de él, delante del velo que separaba el lugar santo del Lugar Santísimo.

En Éxodo 30:1–10, Dios le dio a Moisés las instrucciones detalladas en cuanto a la construcción del altar de oro. El altar del incienso...

- estaba hecho de madera de acacia y recubierto de oro.
- formaba un cuadrado perfecto de unos cuarenta y cinco centímetros por cuarenta y cinco centímetros y tenía un metro de altura (un codo por un codo por un codo y medio).

- tenía una corona alrededor de todo el borde.
- tenía un cuerno en cada una de las cuatro esquinas de la parte superior.
- tenía anillas de oro y varas de acacia recubiertas de oro para transportarlo.

El sacerdote llenaba una sartén de carbones tomados del altar de bronce en los atrios y lo llevaba al lugar santo para volver a encender cualquier mecha que se hubiera apagado del candelero, y luego añadía más carbones a los que ya estaban ardiendo en el altar del incienso. Cada mañana y cada tarde, mientras se estaban ofreciendo sacrificios por el pecado en los atrios, el sacerdote añadía más carbones e incienso al altar del lugar santo.

Como ocurría con el fuego en el altar de bronce, el fuego del altar de oro del lugar santo nunca se podía apagar. El incienso tenía que subir continuamente ante Dios de día y de noche. Los historiadores cuentan que a quienes les llegaba el olor por el viento del campamento israelita podían oler la fragancia del incienso a kilómetros de distancia, lo cual indicaba cuánto incienso ardía en este altar noche y día.

Una vez al año, el día de la Expiación, el sumo sacerdote expiaba los pecados del pueblo llevando sangre de la ofrenda por el pecado sacrificada en el altar de bronce en los atrios y poniéndola en cada uno de los cuernos de las cuatro esquinas del altar del incienso. Esta era la única señal de sacrificio que se hacía en el altar del lugar santo; las ofrendas encendidas, ofrendas de grano y ofrendas bebidas se reservaban solo para el altar de los atrios. Lo único que se ofrecía en el altar del incienso era incienso.

Dios también dio instrucciones detalladas para los ingredientes del incienso que ardía en el altar de oro.

Ingredientes del incienso

Dios le dio a Moisés instrucciones detalladas acerca de cómo preparar el incienso:

Toma especias aromáticas, estacte y uña aromática y gálbano aromático e incienso puro; de todo en igual peso, y harás de ello el incienso, un perfume según el arte del perfumador, bien mezclado, puro y santo. Y molerás parte de él en polvo fino, y lo pondrás delante del testimonio en el tabernáculo de reunión, donde yo me mostraré a ti. Os será cosa santísima. Como este incienso que harás, no os haréis otro según su composición; te será cosa sagrada para Jehová. (Éxodo 30:34–37)

El día de la Expiación, además de ungir los cuernos del altar de oro con sangre del sacrificio de los atrios, el sumo sacerdote tomaba carbones del altar del incienso y puñados de incienso y lo llevaba al Lugar Santísimo, para que una nube de incienso cubriera el propiciatorio de Dios. Hacer esto impedía la muerte del sacerdote. (Véase Levítico 16:12–13).

Como ocurre con los otros utensilios del lugar santo, el altar de oro y el incienso que contenía están llenos de tesoro enterrado. Cavemos el modelo y descubramos los misterios que Dios ha provisto con esta poderosa imagen.

Siguiendo el modelo

El incienso sobre el altar representa la adoración que ofrecemos a Dios. Así como el incienso del altar tenía que subir continuamente ante Él, así nuestras oraciones tienen que subir incesantemente al Señor.

Suba mi oración delante de ti como el incienso, el don de mis manos como la ofrenda de la tarde. (Salmos 141:2)

Orad sin cesar. (1 Tesalonicenses 5:17)

Tarde y mañana y a mediodía oraré y clamaré, y él oirá mi voz. (Salmos 55:17)

Los israelitas confiaban en que Dios oiría y respondería a las oraciones que el sacerdote hacía por ellos en el lugar santo. De hecho, fue en el altar del incienso del templo de Salomón donde uno de los sacerdotes, Zacarías, padre de Juan el Bautista, tuvo un dramático encuentro espiritual, testificando que Dios consideraba sin duda alguna el altar de oro como un lugar importante de oración.

Servir como sacerdote en el lugar santo era un honor raro, y aquellos privilegiados para cumplir estas tareas se elegían echando suertes. Como Zacarías no era un sumo sacerdote, es probable que esta hubiera sido su única oportunidad de estar cerca de la presencia de Dios y orar ante el altar del incienso. Cuando Zacarías estaba cumpliendo con sus tareas sacerdotales poniendo incienso al altar e intercediendo por la gente, él también pudo haber estado orando fervientemente para que Dios interviniese milagrosamente poniendo fin a la esterilidad que él y su esposa Elisabet habían sufrido durante muchos años.

El ángel Gabriel se le apareció de repente a Zacarías junto al altar del incienso y profetizó el nacimiento de un hijo, quien finalmente se conocería en las Escrituras y a través de los siglos como Juan el Bautista. Las primeras palabras que Gabriel dijo fueron: "*Zacarías, no temas; porque **tu oración ha sido oída***" (Lucas 1:13).

Nosotros también, podemos confiar en que cuando vamos al altar del incienso del Lugar Santísimo de nuestro templo personal y ministramos ahí como sacerdotes ante Dios, nuestras oraciones e intercesiones suben ante Él. Él oye y responde las oraciones de aquellos que le aman y que claman pidiendo su misericordia e intervención en medio de su necesidad; los que oran, como David, algo parecido a esto:

> *Oh Dios, acude a librarme; apresúrate, oh Dios, a socorrerme. Sean avergonzados y confundidos los que buscan mi vida; sean vueltos atrás y avergonzados los que mi mal desean. Sean vueltos atrás, en pago de su afrenta hecha, los que dicen: ¡Ah! ¡Ah!*

Gócense y alégrense en ti todos los que te buscan, y digan siempre los que aman tu salvación: Engrandecido sea Dios. Yo estoy afligido y menesteroso; apresúrate a mí, oh Dios. Ayuda mía y mi libertador eres tú; Oh Jehová, no te detengas. (Salmos 70:1–5)

Como David, clame a Dios *"Tarde y mañana y a mediodía"* (Salmos 55:17), y confíe en que Él es su Ayuda y su Libertador que acudirá en su ayuda.

Una receta para la intercesión

Hay una historia fascinante en Números 16 acerca del incienso del altar de oro y el impacto que tuvo como un símbolo de intercesión. Las personas se habían vuelto contra Moisés y Aarón. Debido a su murmuración y acusación, Dios había enviado una plaga para destruirlos. Advirtió a Moisés y Aarón que se alejaran del pueblo para protegerles, pero los dos hombres respondieron postrándose rostro en tierra ante Él.

Entonces, en vez de alejarse del pueblo, Moisés le dijo a Aarón que fuera rápidamente y consiguiera fuego e incienso del altar y después corriera hacia la gente. Aarón obedeció inmediatamente, y mientras corría en medio de ellos con el incienso, la plaga se detuvo. ¿Qué detuvo la plaga? El incienso. Claramente, ¡Dios consideró esto como algo poderoso!

Durante muchos años, leí una y otra vez la receta dada en Éxodo 30 para el incienso usado en el altar de oro, y debo confesar que nunca realmente llegué a entender su importancia:

Dijo además Jehová a Moisés: Toma especias aromáticas, estacte y uña aromática y gálbano aromático e incienso puro; de todo en igual peso, y harás de ello el incienso, un perfume según el arte del perfumador, bien mezclado, puro y santo.

(Éxodo 30:34–35)

Sin embargo, mi entendimiento cambió el día que mi buen amigo y erudito de la Biblia Dick Reuben me explicó que cada uno de los cinco ingredientes tenía un significado especial. Ahora me doy cuenta de que, mediante esas especias, Dios había escondido aún otro modelo maravilloso en su Palabra del que podemos aprender para crecer en intimidad con Él.

Aunque enseñanzas rabínicas posteriores enumeran once, o incluso trece especias distintas, vamos a limitar nuestro estudio a los cinco ingredientes enumerados en Éxodo 30.

Estacte

El estacte es una resina que brota libremente del árbol de la mirra (como la savia de un pino). Los cosechadores podían llegar y simplemente rasparlo. No tenían que perforar el árbol para llegar a la savia; salía de forma natural.

¿Cuál es el modelo?

Dios desea que nuestra adoración y oraciones fluyan de nosotros libremente. Él no quiere obligarnos a adorarle o comunicarnos con Él. Él no quiere que un pastor o un maestro nos haga honrarle o interceder ante Él. Dios quiere que nuestro amor por Él sea tan grande y tan abrumador que la adoración y la oración "broten" de nosotros espontáneamente. Él quiere que sea tan "natural" para nosotros alabarle y adorarle que nos sintamos artificiales si no lo hacemos.

Uña

La uña aromática se extrae de un molusco que se encuentra en las profundidades del mar Rojo. Cuando se prepara adecuadamente, la uña mejora los demás ingredientes en una mezcla de incienso.

¿Cuál es el modelo?

Dios quiere que nuestra adoración y nuestras oraciones procedan de las profundidades de nuestro corazón. El salmista dijo:

Un abismo llama a otro a la voz de tus cascadas; todas tus ondas y tus olas han pasado sobre mí. Pero de día mandará Jehová su misericordia, y de noche su cántico estará conmigo, y mi oración al Dios de mi vida. (Salmos 42:7–8)

Cuando intercedemos ante Dios, ayudados por los "*gemidos indecibles*" (Romanos 8:26) del Espíritu Santo, su misericordia nos lavará.

Gálbano

El gálbano es una planta de la familia de las umbelíferas, originarias de Persia y comunes en las regiones de Amanus de Siria. Cuando se rompe una rama, espontáneamente produce un líquido lechoso, que, cuando se seca, toma forma de una resina pálida, cerosa, amarillo verdosa.

¿Cuál es el modelo?

El significado de este modelo, en lo tocante a nuestras oraciones y adoración, es la palabra *espontáneamente*. Con demasiada frecuencia, permitimos que las circunstancias dolorosas de la vida nos hagan alejarnos de Dios con enojo y amargura. Pero el deseo de su corazón es que le llevemos a Él nuestro quebranto y nos rindamos a Él. Es de esos lugares rotos de donde el dulce incienso de Cristo puede alzarse como un sacrificio de alabanza.

Incienso puro

El incienso, a veces llamado olíbano, es una resina aromática. También viene de una rotura en una rama y sangra de una raja en un árbol Boswellia. A diferencia del gálbano, que comienza a brotar inmediatamente después del corte, el incienso tarda muchas horas en llegar a la superficie del árbol, un proceso que ocurre solo en las horas de la mañana temprano. El tajo se hace dos o tres veces al año, y el tajo final produce la forma más pura y el aroma más intenso.

¿Cuál es el modelo?

Aunque nuestra naturaleza humana tiende a evitar las heridas y los dolores, es este mismo proceso el que produce el incienso más fino. Cuando, como Job, podemos decir: "*He aquí, aunque él me matare, en él esperaré"* (Job 13:15), nuestra adoración es como incienso puro para Él. Cuando todo está quieto y tranquilo y estamos a solas con Él, nos ministrará su consuelo y amor, y podemos ministrar nuestra confianza y amor hacia Él a cambio.

Sal

La sal se ha reconocido a través de los siglos como un mejorador de sabores, purificador y conservante.

¿Cuál es el modelo?

Dios nos ha llamado a ser la sal de la tierra. (Véase Mateo 5:13). Al vivir nuestra vida en fidelidad ante Dios y otros, y a medida que nuestra adoración y oraciones sube ante Él desde el altar del incienso dentro de nosotros, Él nos usará para "salar" a los que nos rodean.

Un molido fino

Dios ordenó a Moisés que tomara estacte, uña, gálbano, incienso y sal, diciendo: "*Y molerás parte de él en polvo fino*" (Éxodo 30:36). Esto significa que una vez que la resina se había secado, tenían que molerla hasta conseguir un polvo fino, mediante un proceso de trituración que requería que el perfumador ejerciera mucha presión usando un mortero y una mano de mortero como herramientas para moler. El perfumador molía los cuatro elementos por separado hasta que quedaban pulverizados en un polvo muy fino. Después los mezclaba con sal y dejaba que la mezcla se añejase, para que los distintos aromas se mezclaran e intensificaran.

La mayoría de nosotros hemos experimentado circunstancias en la vida en las que hemos sentido que estamos en un mortero, siendo molidos y molidos por Dios, el Perfumador divino, hasta que hemos sido reducidos a polvo, y lo único que queremos es que la presión disminuya y se detenga la molienda.

Cuando estamos atravesando una época así, es fácil cuestionar si Dios verdaderamente nos ama. Su compasión parece distante y su misericordia inexistente, pero eso no es cierto. El amor de Dios por nosotros nunca termina. Su compasión nunca falla. Su misericordia es nueva cada mañana. Su fidelidad hacia nosotros es grande. (Véase Lamentaciones 3:22–23).

Según Isaías 53, Dios permitió deliberadamente y a propósito que su único Hijo soportase el "molido fino" del mortero y la mano del mortero del Perfumador. Jesús fue "*azotado... herido de Dios... abatido... herido... molido*" (Isaías 53:4–5). ¿Por qué? ¿Porque Dios disfrutaba viendo a Jesús sufrir? ¡No! ¿Porque Él se deleitaba con el dolor de su Hijo? ¡No! Era porque sabía que mediante el sufrimiento y el dolor, Jesús se convertiría en un sacrificio fragante que salvaría al mundo.

Es crucial destacar que Jesús no fue una víctima. Él decidió soportar el proceso de la molienda, porque sabía el gozo que le esperaba. Pudo haber dicho que no. Pudo haber rehusado. Pudo haberse alejado. Pero decidió someterse a la voluntad de su Padre, y como lo hizo, tenemos la promesa de la vida eterna con Él.

Como Jesús, nosotros tampoco somos víctimas. Podemos decidir someternos a la voluntad de Dios y permitirle usar las circunstancias de nuestra vida, incluso las dificultades que encontremos, para transformarnos en una fina fragancia. O, podemos rehusar y decidir experimentar el temor, el enojo, el resentimiento y la amargura. Él quiere que nuestra adoración salga libremente, no a pesar de sino por las heridas, el dolor y la molienda que soportamos. Él nos está preparando para ser el incienso que, cuando se coloca sobre el altar de oro de nuestra vida, subirá ante Él como un aroma fragante y será consumido en su presencia.

Como sacerdotes de nuestro templo, nosotros decidimos si queremos ofrecer nuestra vida como incienso a Él y colocarnos como este incienso en el altar de oro de nuestro corazón. Dios no nos forzará a que seamos sacrificios fragantes para Él. Ese no es el modelo que Él nos da en la Escritura. Eche un vistazo, y verá que Dios hacía muy poco en el tabernáculo. Los sacerdotes ofrecían los sacrificios. Los sacerdotes se ocupaban del candelero. Los sacerdotes hacían el pan. Los sacerdotes ponían el incienso en el altar.

Dios no crea una atmósfera de adoración, sino nosotros. Por eso a menudo esperamos que Dios aparezca en nuestros momentos a solas o en nuestros servicios de adoración en la iglesia, y nos decepcionamos cuando no nos parece que Él se ha manifestado. Olvidamos que depende de nosotros crear una atmósfera de adoración para Dios.

Este es el peregrinaje en el que he estado desde esa mañana en el hotel cuando clamé a Él diciendo: "Señor, quiero conocerte. No quiero simplemente saber *acerca* de ti; ¡quiero *conocerte*!".

Cuando examinamos la combinación de estos ingredientes y los comparamos con el modelo que Dios ha establecido para nuestra vida de oración, le oímos decir que Él quiere que nuestra adoración surja libremente. Él no está buscando un líder en la iglesia que nos diga cuándo levantarnos, cuándo hablar, levantar nuestras manos, sentarnos, cantar alabanzas y orar. Más bien Él quiere que nuestra adoración simplemente fluya de lo profundo de nuestro corazón, de nuestro quebranto, de nuestras heridas y dolores; diariamente.

Creo que Dios quiere que nos preparemos del mismo modo que los sacerdotes preparaban el incienso, no para ser molidos sino para ser una ofrenda fragante ante el Señor. Entonces, cuando pongamos nuestro incienso en el altar, subirá ante Él como un aroma agradable y será consumido por los carbones del fuego del altar de nuestro corazón.

El incienso era un tipo de la gloria que llenaba la casa de Dios. Repito: el incienso es algo que nosotros, y no Dios, ofrecemos en el altar. Recuerde que Él hacía muy poco en el tabernáculo o el templo. Mire el modelo. Mire la imagen. Los sacerdotes ofrecían los sacrificios. Los sacerdotes lavaban los sacrificios y a sí mismos. Los sacerdotes se ocupaban del candelero. Los sacerdotes hacían y cambiaban los panes de la mesa de la proposición. Los sacerdotes ponían el incienso en el altar. Dios simplemente permitía que su presencia llenara el lugar para que su gloria pudiera revelarse.

La atmósfera que creamos mediante nuestras oraciones y adoración la creamos nosotros, pero es creada para Dios.

Copas doradas de incienso

Jesús nos dijo que acumulásemos tesoros en el cielo. (Véase Mateo 6:20). Creo que toda la adoración de los israelitas, todas las oraciones e intercesión de los sacerdotes, todo el incienso del altar de oro y toda la adoración, oraciones, intercesión e incienso que hemos ofrecido a Dios han sido preservados en el cielo para la eternidad.

> *Y cuando hubo tomado el libro, los cuatro seres vivientes y los veinticuatro ancianos se postraron delante del Cordero; todos tenían arpas, y copas de oro llenas de incienso, que son las oraciones de los santos... Otro ángel vino entonces y se paró ante el altar, con un incensario de oro; y se le dio mucho incienso para añadirlo a las oraciones de todos los santos, sobre el altar de oro que estaba delante del trono. Y de la mano del ángel subió a la presencia de Dios el humo del incienso con las oraciones de los santos.* (Apocalipsis 5:8; 8:3–4)

Según soportamos moliendas, dificultades y dolor en esta vida, que sigamos haciendo sacrificios a Dios, recordando que...

> *Por lo cual asimismo padezco esto; pero no me avergüenzo, porque yo sé a quién he creído, y estoy seguro que es poderoso para guardar mi depósito para aquel día.* (2 Timoteo 1:12)

Amén.

Más allá del velo

Bueno, mi amigo, hemos viajado juntos en este camino hacia la presencia de Dios. Hemos pasado por las puertas y entrado en los atrios con el altar de bronce y la fuente de bronce. Hemos subido las escaleras con nuestros Salmos graduales y hemos entrado en el lugar santo con el candelero, la mesa de los panes y el altar del incienso.

Y ahora el velo, y lo que hay detrás, nos espera.

Mientras nos preparamos para viajar incluso más lejos hacia la intimidad con Dios, sepa que la única razón por la que podemos entrar en el Lugar Santísimo es porque Jesucristo, nuestro Sumo Sacerdote, nos abre camino.

Para profundizar

1. De los cinco ingredientes del incienso enumerados en Éxodo 30, ¿cuál de ellos refleja mejor quién es usted y las experiencias de su vida? ¿Por qué?

2. Describa un tiempo en que sintió como si Dios fuera el Perfumador y usted estuviera siendo finamente molido con su mortero y mano de mortero. Durante esa etapa, ¿fue difícil para usted creer en el amor, compasión, misericordia y fidelidad de Dios? ¿Por qué o por qué no?

3. ¿Alguna vez se ha sentido una víctima de sus circunstancias? Lea Romanos 8:37. ¿Cómo puede aplicar esta verdad a su vida?

4. Pase tiempo con Dios, adorándole. Dígale cómo se siente con ser como incienso para Él. Confiese cualquier temor, enojo, resentimiento o amargura que pudiera tener hacia Él. Pídale que le muestre cómo quiere que usted cree una atmósfera de adoración para que pueda ser bendecido con su presencia.

PARTE IV:

LA RECOMPENSA DEL VIAJE

18

NUESTRO SUMO SACERDOTE

"Pero estando ya presente Cristo, sumo sacerdote... entró una vez para siempre en el Lugar Santísimo".
—Hebreos 9:11–12

Hasta ahora, en nuestro viaje juntos hacia la presencia de Dios hemos explorado cómo pasamos primero por las "puertas" que llevan a nuestro cuerpo, alma y espíritu. Hemos cavado en busca del tesoro enterrado y los misterios escondidos en los "atrios", donde recibimos la sangre expiatoria del sacrificio de Jesús en el "altar de bronce" de nuestro corazón. En la "fuente de bronce", experimentamos el proceso de toda una vida de ser santificados mediante el "*lavamiento del agua por la palabra*" (Efesios 5:26).

Nuestro viaje ha continuado según hemos ido explorando las imágenes y los modelos de Dios con la "escalera de alabanza", y luego hemos entrado al lugar santo de los "atrios interiores" de nuestro corazón, donde brilla el "candelero de oro" con la luz de la Palabra de Dios; nos hemos alimentado de Jesús, nuestro "Pan vivo"; y nos hemos convertido en "incienso" para Dios, ofreciendo nuestra adoración e intercesión ante Él. Hemos ido más allá de los atrios y hemos atravesado el lugar santo.

Habiendo llegado hasta aquí, lo que nos separa de la verdadera intimidad de la presencia de Dios es solo una cosa: el velo que divide el lugar santo del Lugar Santísimo. En el tabernáculo del desierto y en el templo de Salomón, la única persona con permiso para ir más allá del velo era el sumo sacerdote.

Qué triste sería, qué desesperado sería nuestro anhelo, si estuviéramos destinados a quedarnos para siempre en el lugar santo y se nos prohibiera entrar en el Lugar Santísimo, donde mora la presencia de Dios. Afortunadamente, tenemos un sumo sacerdote que ha rasgado el velo ¡para que podamos habitar para siempre en intimidad con Él!

Antes de ir más allá del velo hasta este increíble lugar de profunda intimidad con Aquel cuyo mayor deseo es que le conozcamos y amemos, quedan aún más tesoros enterrados en las Escrituras, más misterios que quiero que descubramos juntos.

Imágenes, modelos, misterios y tipos

A estas alturas debe tener un entendimiento claro de cómo Dios usa lo natural para revelar lo espiritual. Él nos invita a descifrar los misterios y tesoros que hay en las imágenes y los modelos que ha enterrado en su Palabra.

Otro nombre para estas imágenes y modelos es "tipos". Cuando buscamos "tipos" en las Escrituras, podemos estudiar la historia del pueblo de Dios en el Antiguo Testamento para aprender las verdades que se aplican a las revelaciones de Jesucristo en el Nuevo Testamento. Estas son verdades que Dios ha incluido deliberadamente y a propósito en su Palabra para que podamos descubrir los profundos significados que Él quiere que entendamos y apliquemos a nuestra vida hoy.

Por ejemplo, Moisés era un "tipo" de Cristo. Así como Moisés fue el líder del pueblo escogido de Dios, así Jesucristo es nuestro Líder y el Cabeza de la iglesia. Así como Moisés sacó a los israelitas de la esclavitud hacia una nueva tierra, según el pacto de Dios con su padre Abraham, así Jesús nos libera de la esclavitud de nuestro enemigo y nos lleva a un lugar lleno de promesa y esperanza cuando vivimos en una relación de pacto con nuestro Padre celestial.

Así como Moisés fue el autor de la ley, Jesús fue el Autor del evangelio de la gracia y misericordia. Moisés fue un mediador entre los israelitas y Dios, y Jesús es el Mediador entre Dios y toda la humanidad. Moisés fue el primer gran profeta, y el testimonio de Jesús mismo es el *"espíritu de la profecía"* (Apocalipsis 19:10).

Mediante este ejemplo, podemos ver claramente cómo Dios estableció a Moisés como un "tipo" de Cristo. Ahora veamos otro tipo en las Escrituras que tiene mucho significado para nosotros al prepararnos para entrar en el Lugar Santísimo y encontrar la presencia de Dios.

El día de la Expiación

Cuando Dios le dio a Moisés el modelo para construir el tabernáculo, también le dio instrucciones específicas para el servicio de Aarón como el primer sumo sacerdote sobre los israelitas. (Véase Éxodo 28–29; 30:22–33; 39; Levítico 7:28–9:24; 16:1–34). Dios bosquejó instrucciones detalladas de lo que Aarón debía vestir, cómo debía consagrarse, cómo tenía que realizar los sacrificios y cuándo podía entrar en el Lugar Santísimo.

Al igual que en los tiempos del Antiguo Testamento, el día de la Expiación se sigue guardando en la actualidad, antes de la fiesta de los Tabernáculos, durante septiembre u octubre en nuestro calendario gregoriano. Este día está considerado como el día más santo del año, cuando los judíos y los creyentes de todo el mundo apartan veinticuatro horas para ayunar, orar y arrepentirse de los pecados que hayan cometido contra Dios.

Sin embargo, cuando el tabernáculo y el templo eran aún lugares de adoración y sacrificio, la solemne observación del día de la Expiación también incluía sacrificios animales, purificación, y la unción del propiciatorio de Dios dentro del Lugar Santísimo con sangre de los animales que habían sido sacrificados.

Aprendimos en el capítulo 10 que hay poder en la sangre, porque la vida está en la sangre (véase Levítico 17:11), y sin derramamiento de sangre no hay perdón de pecados (véase Hebreos 9:22). El estándar santo de Dios requería que se derramase sangre para que los pecados de los israelitas pudieran ser perdonados, y como sumo sacerdote, solamente Aarón llevaba la carga de realizar los sacrificios, primero para expiar sus propios pecados, y luego para expiar los pecados del pueblo. (Véase Levítico 16:6–17).

Nadie debía estar en el tabernáculo cuando Aarón entraba al Lugar Santísimo, e incluso Aarón mismo no podía entrar a la santa presencia de Dios siempre que así lo quisiera; solo el día de la Expiación le estaba permitido hacerlo. No cumplir este mandamiento daría como resultado su muerte.

> *Y Jehová dijo a Moisés: Di a Aarón tu hermano, que no en todo tiempo entre en el santuario detrás del velo, delante del propiciatorio que está sobre el arca, para que no muera; porque yo apareceré en la nube sobre el propiciatorio.* (Levítico 16:2)

Según Levítico 16, cada año el día de la Expiación, Aarón...

- se preparaba para lo que tenía por delante.
- se purificaba según las instrucciones de Dios.
- se vestía, primero con la túnica decorada y colorida del sumo sacerdote, y luego de blanco, simbolizando humildad y pureza ante Dios.
- sacrificaba un toro por su propio pecado y por los pecados de toda su casa.

- ofrecía un carnero como holocausto encendido.
- seleccionaba dos machos cabríos, designando uno como el "chivo expiatorio", llevando los pecados del pueblo y soltándolo vivo al desierto; el otro era ofrecido como holocausto encendido.
- ungía los cuernos y los lados del altar de oro del incienso en el lugar santo con sangre.
- tomaba carbones e incienso del altar de oro, entraba en el Lugar Santísimo, y colocaba el incienso delante del propiciatorio como un acto de intercesión.
- rociaba el propiciatorio con sangre del toro y el macho cabrío para purificarles de los pecados del pueblo.
- regresaba a los atrios y ponía sus manos sobre la cabeza del chivo expiatorio, confesaba los pecados del pueblo sobre él, y luego lo enviaba al desierto, donde el animal vagaría hasta su muerte.

Mientras los israelitas tuvieron un tabernáculo o templo en el que adorar, estos rituales los realizaba el sumo sacerdote el día de la Expiación, año tras año.

Cavemos ahora para encontrar el tesoro enterrado que Dios ha escondido en el modelo del sumo sacerdote y los sacrificios animales.

El tesoro enterrado del sumo sacerdote

Así como Moisés era un tipo de Cristo, también Aarón y los sacrificios animales eran tipos de cómo Jesús un día se sacrificaría a sí mismo en la cruz por nosotros y también serviría como nuestro Sumo Sacerdote. Como Aarón y los sacrificios animales, Jesús...

- se preparó a sí mismo para lo que le esperaba.
- se mantuvo puro ante Dios.
- se convirtió por nosotros en nuestra ofrenda por el pecado.

- purificó el templo en el cielo con su sangre.
- fue el "chivo expiatorio" sobre cuya cabeza se pusieron nuestros pecados.

Como Aarón, Jesús fue ungido y apartado para su función como sumo sacerdote. (Véase Éxodo 28:41; Marcos 14:3). Ambos vistieron la túnica de lino de sumo sacerdote (véase Levítico 16:5; Juan 19:23), y ambos llevaron las doce tribus de Israel en su pecho: Aarón en lo natural, al llevar el efod sacerdotal como Dios había ordenado (véase Éxodo 28:4), y Jesús en lo espiritual, al llevar nuestra causa ante el Padre (véase Juan 17).

Siempre que los israelitas se detenían para montar el campamento mientras viajaban por el desierto, Aarón tenía que montar su campamento personal al este. Haciendo esto, el sumo sacerdote de los israelitas siempre se situaba junto a la única entrada que daba acceso al tabernáculo. Esta es una imagen de cómo Jesús, como nuestro Sumo Sacerdote es *la* entrada, *la* puerta, el *único* camino por el que podemos entrar a la presencia de Dios. (Véase Juan 10:7–9, NVI; 14:6).

Tanto Aarón como Jesús se pusieron en la brecha en intercesión por el pueblo (véase Levítico 16:12–13, 16; Hebreos 7:25), y así como Aarón entraba en el Lugar Santísimo para limpiarlo de todos los pecados del pueblo con un sacrificio de sangre (véase Levítico 16:14–16), así también Jesús entró en el Lugar Santísimo del tabernáculo celestial y lo purificó con su sangre. (Véase Hebreos 9:11–12, 23–24).

Aunque hay muchas similitudes importantes entre Aarón como sumo sacerdote de los israelitas y Jesús como nuestro Sumo Sacerdote, hay una diferencia significativa. La sangre de los sacrificios animales ofrecida en los atrios para expiar los pecados del pueblo y aplicada sobre el propiciatorio del Lugar Santísimo les protegía de la ira de Dios. Sin embargo, aunque la sangre cubría los pecados del pueblo, no podía limpiar su culpa de forma permanente. (Véase Hebreos 10:3–4, 11). Debido a esto, Aarón y todos los sacerdotes después de él tenían que repetir los mismos sacrificios y rituales todos los días en los atrios y año tras año el día de la Expiación.

Sin embargo, cuando Jesús murió en la cruz como el Cordero sacrificial de Dios para limpiar los pecados de todo el mundo, ¡murió una vez para siempre!

> *Y ciertamente todo sacerdote está día tras día ministrando y ofreciendo muchas veces los mismos sacrificios, que nunca pueden quitar los pecados; pero Cristo, habiendo ofrecido una vez para siempre un solo sacrificio por los pecados, se ha sentado a la diestra de Dios, de ahí en adelante esperando hasta que sus enemigos sean puestos por estrado de sus pies; porque con una sola ofrenda hizo perfectos para siempre a los santificados.*
>
> (Hebreos 10:11–14)

Ya no había necesidad de realizar los sacrificios del templo en el altar de bronce ni un sumo sacerdote que entrara en el Lugar Santísimo. El más sublime de todos los sacerdotes había limpiado eternamente y para siempre los pecados de todos aquellos que aceptasen su muerte sacrificial como la única expiación por sus pecados. Su obra en la cruz fue una obra consumada.

"Consumado es"

Uno de los tipos de Cristo en el Antiguo Testamento más profundo y conmovedor está oculto en el sacrificio de sangre de los atrios.

Después de haber sacrificado al animal y haberlo situado en el altar, el sacerdote observaba y esperaba hasta que la ofrenda se hubiera consumado en el fuego. En ese momento estiraba sus brazos y gritaba: "Consumado es".

Del mismo modo, cuando Jesús estaba en la cruz con sus brazos abiertos, clamó, justo mientras moría: "*Consumado es*" (Juan 19:30). Los fariseos, saduceos y quizá incluso el sumo sacerdote Caifás, que fueron testigos de este momento tan poderoso, seguramente entendieron el significado de las últimas palabras de Jesús.

Quizá estaban en la crucifixión de Jesús aquellos que estaban también en el río Jordán cuando las multitudes acudían a Juan para ser bautizados. Con su último aliento, Jesús claramente se identificó con las ofrendas por el pecado sacrificadas en el altar de bronce, cumpliendo así las palabras proféticas de Juan cuando señaló a Jesús y dijo: "*He aquí el Cordero de Dios, que quita el pecado del mundo*" (Juan 1:29).

En el preciso momento en que Jesús bajaba su cabeza y moría, se produjo un increíble milagro en el templo, del cual testifican tanto Mateo como Marcos: "*Y he aquí, el velo del templo se rasgó en dos, de arriba abajo*" (Mateo 27:51; véase también Marcos 15:38).

¿Por qué fue esta ruptura del velo un milagro, y qué importancia tiene para nosotros hoy? Profundicemos un poco más para descubrir algunos tesoros enterrados.

Se rasga el velo

Había dos velos que se usaban en el tabernáculo de Moisés en el desierto: el velo exterior, o primer velo, que servía como entrada separando los atrios del lugar santo; y el velo interior, o segundo velo, que separaba el lugar santo del Lugar Santísimo. Este es el velo que se rasgó cuando Jesús murió, y encontramos una descripción del mismo en Éxodo 26:31–33:

> *También harás un velo de azul, púrpura, carmesí y lino torcido; será hecho de obra primorosa, con querubines; y lo pondrás sobre cuatro columnas de madera de acacia cubiertas de oro; sus capiteles de oro, sobre basas de plata. Y pondrás el velo debajo de los corchetes, y meterás allí, del velo adentro, el arca del testimonio; y aquel velo os hará separación entre el lugar santo y el santísimo.*

Cuando el tabernáculo había sido reemplazado por el templo en Jerusalén como centro de adoración de los judíos, la construcción del velo se había convertido en un proceso asombroso descrito en la *Mishnah*, la tradición escrita de la ley rabínica judía.

Siempre me había imaginado el velo del templo hecho de un tipo de material ligero, de encaje o transparente, ¡pero estaba equivocado! Según la enseñanza rabínica, el velo tenía 20 metros de altura, 10 metros de anchura, y "la anchura de una mano de grueso" (entre 10 y 15 centímetros). Para determinar si un velo tenía la calidad suficiente para ser usado en el templo, se ataba a dos pares de bueyes que tiraban en direcciones opuestas para intentar rasgarlo. Solo los velos que soportaban esta prueba extrema eran utilizados.

El velo del templo había sobrevivido esta dura prueba y, sin embargo, se rasgó de arriba abajo en el momento de la muerte de Jesús. ¡Increíble! Además, el velo se rasgó de arriba abajo; aunque si por alguna forma de fuerza sobrehumana, los sacerdotes de algún modo se las hubieran arreglado para romperlo en dos, habría sido imposible que llegaran hasta los veinte metros de altura para rasgarlo desde arriba. ¡Solo Dios pudo hacer tal milagro! ¿Qué significa esto, y por qué Dios lo hizo?

El autor de Hebreos nos da esta respuesta:

> *Así que, hermanos, teniendo libertad para entrar en el Lugar Santísimo por la sangre de Jesucristo, por el camino nuevo y vivo que él nos abrió a través del velo, esto es, de su carne, y teniendo un gran sacerdote sobre la casa de Dios, acerquémonos con corazón sincero, en plena certidumbre de fe, purificados los corazones de mala conciencia, y lavados los cuerpos con agua pura.*
> (Hebreos 10:19–22)

Tal y como la carne de Jesús fue rasgada para abrirnos un camino a la presencia de Dios, así Dios sobrenaturalmente rasgó el velo que nos separaba del Lugar Santísimo, para que pudiéramos acercarnos a Él en fe.

Ahora quiero que nos detengamos un momento y leamos un pasaje muy poco común en el Nuevo Testamento.

> *Tras el segundo velo estaba la parte del tabernáculo llamada el Lugar Santísimo, el cual tenía un incensario de oro y el arca del*

pacto cubierta de oro por todas partes, en la que estaba una urna de oro que contenía el maná, la vara de Aarón que reverdeció, y las tablas del pacto; y sobre ella los querubines de gloria que cubrían el propiciatorio; de las cuales cosas no se puede ahora hablar en detalle. (Hebreos 9:3–5)

Cuando leí estos versículos, me dije: *¡Espera un momento! ¡Eso no está bien! El altar del incienso estaba en el lugar santo. ¿Cómo es posible que se moviera al Lugar Santísimo?*

Bueno, no sé la respuesta a esta pregunta con seguridad, pero sé que "*Dios no es hombre, para que mienta*" (Números 23:19). Así que si la Palabra dice que el altar de oro del incienso del templo estaba ahora en el Lugar Santísimo, debe ser así.

Creo que cuando Jesús dijo: "*Consumado es*" (Juan 19:30) y el velo que separaba el lugar santo del Lugar Santísimo se rasgó en dos, Dios movió sobrenaturalmente el altar del incienso al Lugar Santísimo. Haciéndolo, Él nos habría revelado aún otro modelo más: es nuestra adoración, ofrecida libremente desde lo más hondo de nuestro corazón y de nuestro quebranto y presión, lo que nos lleva a la presencia de Dios.

Con su muerte en la cruz, nuestro Sumo Sacerdote Jesucristo pagó el precio más alto para permitirnos acceder al Lugar Santísimo. Dios mismo rasgó el velo para demostrar que su requisito de sangre para la remisión de nuestros pecados había sido satisfecho para siempre mediante la muerte sacrificial de su Hijo.

Ya no tenemos que seguir estando separados de una relación íntima con Él. En lugar de vivir con el temor a que Dios nos dará muerte por entrar en el Lugar Santísimo indignamente, podemos tener la confianza basada en la obra expiatoria de Jesucristo de que nuestro Padre celestial nos invita a entrar con libertad y osadía a su presencia.

¿Aceptará usted su invitación?

Para profundizar

1. Basado en lo que ahora entiende usted sobre los "tipos" en las Escrituras, haga una lista de las formas en que los sacrificios animales eran un tipo, o un modelo, de Jesús como nuestro sacrificio.

2. Hebreos 10:14 dice: *"Porque con una sola ofrenda hizo perfectos para siempre a los santificados"*. Esto significa que si Jesucristo es su Señor, entonces usted ha sido hecho *"perfecto para siempre"*. La manera en que usted se ve a sí mismo, ¿refleja esta verdad?

3. Lea otra vez Hebreos 10:19–22, donde Dios le invita a entrar con osadía en la intimidad de su presencia. Describa cómo se siente cuando piensa en entrar en el "Lugar Santísimo". ¿Tiene confianza? ¿Temor? ¿Inseguridad? ¿Se siente emocionado? ¿Intimidado? ¿Deseoso? ¿Avergonzado?

4. Pase algún tiempo diciéndole al Señor cómo se siente acerca de acudir a su presencia y tener una relación íntima con Él. Pídale que le ayude a sentir su profundo amor por usted cuando Él le atraiga a sí mismo.

19

AL OTRO LADO DEL VELO

"Así que, hermanos, teniendo libertad para entrar en el Lugar Santísimo por la sangre de Jesucristo, por el camino nuevo y vivo… acerquémonos con corazón sincero, en plena certidumbre de fe".

—Hebreos 10:19–20, 22

El camino que hemos estado recorriendo juntos nos ha llevado al otro lado del velo para entrar en el Lugar Santísimo: la presencia misma de Dios. Nuestro deseo de conocerle y que Él nos conozca nos ha llevado hasta este momento.

Como compartí con usted en el capítulo 1, mi propio viaje comenzó hace años, cuando estaba desesperadamente hambriento por experimentar una intimidad más profunda en mi relación con el Señor. No estaba contento con dónde estaba en mi caminar con Él. Sabía que había más, y me decidí a perseguirle con un total y apasionado abandono.

Esa mañana en la cafetería del hotel, el Señor me habló estas cinco palabras en mi espíritu:

Arrepentimiento. Alabanza. Adoración. Ofrenda. Sacrificio.

Juntos, usted y yo hemos buscado algunas de las imágenes, modelos y misterios vitales que Dios ha escondido en su Palabra. Hemos descubierto que los atrios del tabernáculo eran un lugar de *arrepentimiento*. Hemos desenterrado el tesoro de la *alabanza* en las escaleras que conducen al templo, y hemos minado el "oro" de la *adoración* en el lugar santo tal como Dios decidió revelarlo a través del candelero de oro, la mesa de los panes y el altar de oro del incienso.

Ahora es el momento de que exploremos el misterio del Lugar Santísimo, que es el lugar supremo de *ofrenda* y *sacrificio*.

Un lugar de ofrenda

El Lugar Santísimo en el tabernáculo del desierto era una sala con dimensiones que formaban un cubo perfecto: 10 codos de longitud por 10 codos de anchura por 10 codos de altura (5 metros × 5 metros × 5 metros). Es interesante meditar en este "cubo" donde moraba la presencia de Dios en la tierra, y contrastarlo con la descripción del cielo en Apocalipsis 21:16:

> *La ciudad se halla establecida en cuadro, y su longitud es igual a su anchura; y él midió la ciudad con la caña, doce mil estadios; la longitud, la altura y la anchura de ella son iguales.*

Juan, el autor de Apocalipsis, describe la ciudad de Dios como un cubo en tres dimensiones, donde su longitud y anchura son iguales que su altura.

Durante los cuarenta años que los israelitas pasaron en el desierto, la presencia de Dios cubría el Lugar Santísimo en forma de columna de fuego de noche y nube de día. (Véase Números 9:15–23).

La más santa de todas las salas, como era esta, contenía solo un utensilio: el arca del pacto. Cuando Dios le dio a Moisés las instrucciones con respecto a su construcción, dijo que se *declararía* a su pueblo y le *hablaría* ante el arca del pacto y le diría lo que hacer.

> *Y de allí me* ***declararé*** *a ti, y* ***hablaré*** *contigo de sobre el propiciatorio, de entre los dos querubines que están sobre el arca del testimonio, todo lo que yo te* ***mandare*** *para los hijos de Israel.*
> (Éxodo 25:22)

Éxodo 25:10–22 describe el arca con gran detalle. (Véase figura de referencia C-1). Era...

- una caja que medía aproximadamente 1 metro y 15 centímetros de largo, unos 70 centímetros de ancho y 70 centímetros de alto.
- de madera de acacia.
- recubierta de oro puro por dentro y por fuera, con una moldura de oro todo alrededor.
- provista de unos aros de oro en las cuatro esquinas para introducir las varas de madera de acacia (también recubiertas de oro) que se usaban para transportarla.

La tapa del arca medía 1 metro 15 centímetros de longitud por 70 centímetros de anchura. Llamada el "propiciatorio", toda la tapa estaba hecha de oro puro y servía como trono para la presencia de Dios. En ambos extremos había dos querubines (ángeles adoradores) hechos de oro labrados a martillo, que se disponían uno frente al otro con sus alas estiradas cubriendo el propiciatorio.

Según los mandamientos de Dios, el arca contenía tres objetos que debían servir como recordatorios constantes de la fragilidad y dependencia de Dios de los israelitas, y la fidelidad constante de Él hacia su pueblo de pacto:

- Una vasija de maná (véase Éxodo 16:33)
- Las tablas de los Diez Mandamientos (véase Éxodo 25:16; 34:29)
- La vara de Aarón que reverdeció (véase Números 17:1–10)

Como compartí con usted en el capítulo anterior, una vez al año, en el día de la Expiación, el sumo sacerdote entraba en el Lugar Santísimo para ofrecer incienso a Dios y para rociar la sangre de los sacrificios sobre el propiciatorio, purificando así con ello los pecados del pueblo.

El deseo del corazón de Dios ha sido siempre atraer a sus hijos hacia unos niveles de intimidad con Él cada vez mayores. Él le dio a Moisés una descripción detallada del Lugar Santísimo por dos razones: (1) para expresar su demanda de santidad, y (2) para revelar el modelo para experimentar las abundantes recompensas de intimidad con Él.

Cavemos ahora para encontrar el tesoro que Dios ha enterrado en el lugar más santo.

Nosotros somos la ofrenda

Como Dios le dio a Moisés direcciones claras para el Lugar Santísimo y el arca del pacto, está claro que Él quiere declararse a nosotros, hablarnos y darnos mandamientos, (mostrarnos lo que hacer) en este lugar de quietud e intimidad.

> *Y de allí me **declararé** a ti, y **hablaré** contigo de sobre el propiciatorio, de entre los dos querubines que están sobre el arca del testimonio, todo lo que yo te **mandare** para los hijos de Israel.*
> (Éxodo 25:22)

A lo largo de las Escrituras, Dios nos invita a acercarnos a Él y estar con Él:

> *Cercano está Jehová a todos los que le invocan, a todos los que le invocan de veras.* (Salmos 145:18)

> *Con amor eterno te he amado; por lo tanto, te prolongué mi misericordia.* (Jeremías 31:3)

Acercaos a Dios, y él se acercará a vosotros. (Santiago 4:8)

Pero, a lo largo de los siglos, el estándar de Dios para la santidad no ha cambiado; incluso cuando nos invita a conocerle más íntimamente, sigue requiriendo "sangre" e "incienso" para que podamos entrar en su presencia y estar con Él.

Así como el sumo sacerdote llevaba los carbones y el incienso del altar de oro al Lugar Santísimo (véase figura de referencia C-2), cada uno de nosotros también debe actuar como sacerdote de su propio "templo", entrando en la santa presencia de Dios con el incienso agradable de nuestra adoración. Y del mismo modo que el sumo sacerdote rociaba el propiciatorio con la sangre del sacrificio animal para limpiarlo de los pecados del pueblo, así debemos nosotros entrar al Lugar Santísimo ungidos con la sangre limpiadora del Señor Jesucristo.

A menos que mantengamos una postura de adoración y humildad delante de Él, es imposible entrar en su presencia. Sin la sangre sacrificial de Jesús cubriéndonos, *no podemos* entrar en el Lugar Santísimo, porque su santidad es demasiado magnífica y nuestra pecaminosidad es demasiado grande.

Cuando entramos en la santidad de la presencia de Dios, estamos entrando en un lugar de *ofrenda*. En los atrios, una manera en que nos acercamos a Dios es llevándole nuestros diezmos y ofrendas, mientras que también recibimos la ofrenda que Jesús hizo por nosotros. Sin embargo, dentro del Lugar Santísimo, *nosotros nos convertimos en la ofrenda* cuando humildemente sometemos nuestra vida a nuestro amoroso Dios y entramos en una relación íntima con Él.

Verdadera intimidad

De muchas maneras, la intimidad con el Señor es como la relación íntima entre un esposo y su esposa. Cuando una pareja casada tiene una relación que está edificada sobre un fundamento sólido de amor, confianza y respeto mutuo, la cercanía de su relación se refleja en los momentos más íntimos de su matrimonio. En la Biblia, la palabra usada para describir esto es la palabra hebrea *yada'*, que significa "conocer, percibir, reconocer, conocer íntimamente".

Yada' se usa cuando la Escritura dice: *"Conoció Adán a su mujer Eva"* (Génesis 4:1) y que *"Elcana se llegó a Ana su mujer"* (1 Samuel 1:19).

Este es el tipo de relación de amor que Dios desea tener con cada uno de nosotros, una relación caracterizada por verdadero conocimiento e intimidad, y cuando Él dice: *"Antes que te formase en el vientre te* ***conocí****, y antes que nacieses te santifiqué"* (Jeremías 1:5), es la misma palabra *yada'*, la que Él usa.

Dios reveló el modelo para la intimidad con Él mediante las palabras del apóstol Pablo, cuando describió el misterio de la relación matrimonial:

> *Así también los maridos deben amar a sus mujeres como a sus mismos cuerpos. El que ama a su mujer, a sí mismo se ama. Porque nadie aborreció jamás a su propia carne, sino que la sustenta y la cuida, como también Cristo a la iglesia, porque somos miembros de su cuerpo, de su carne y de sus huesos. Por esto dejará el hombre a su padre a su madre, y se unirá a su mujer, y los serán una sola carne.* ***Grande es este misterio; mas yo digo esto respecto de Cristo y de la iglesia.*** (Efesios 5:28–32)

Cuando un marido y su mujer verdaderamente se "conocen" el uno al otro, no solo saben cuál es el color favorito de su cónyuge, el restaurante donde a él o a ella le gusta comer, o incluso los secretos que no comparten con ninguna otra persona sino entre ellos. Para que un hombre y una mujer tengan verdaderamente intimidad, deben conocer y experimentar intimidad el uno con el otro en *todos* los niveles de su relación: emocionalmente, mentalmente y físicamente.

Lo triste en todo esto es que muchas personas tienen una idea equivocada de lo que es la intimidad en el matrimonio. Como esposos y esposas, es fácil pensar que por ver juntos la televisión, hablar de los niños, tener planes vacacionales o disfrutar de vez en cuando del lecho conyugal, ya tenemos una relación matrimonial íntima. Pero eso no es cierto. Hay una gran diferencia entre compañía e intimidad. Para que haya una *verdadera* intimidad en el matrimonio, un esposo y una esposa deben...

- honrar su pacto el uno con el otro "dejando y uniéndose".
- ser eternamente fieles el uno al otro.
- dedicarse el uno al otro una atención especial.
- pasar tiempo de calidad juntos.
- preferir las necesidades del otro antes y por encima de las de uno mismo.
- compartir los pensamientos y sentimientos más íntimos de su ser.
- ofrecerse el uno al otro en tiempos de abandono íntimo y desinteresado.
- experimentar el gozo de darse a conocer totalmente mientras amorosamente "se pierden" el uno en el otro.

Ocurre lo mismo en nuestra relación con Dios: muchos de nosotros también tenemos una idea equivocada de lo que es la intimidad con Dios. Es fácil creer que como vamos a la iglesia, hablamos con Dios, leemos su Palabra, le servimos fielmente e incluso experimentamos grandes momentos de alabanza y adoración, le conocemos de manera íntima. Pero es necesario mucho más que estas prácticas si queremos tener una relación íntima con Dios. Hay una diferencia entre *conocer acerca de* Dios y *conocer a* Dios.

En el capítulo 4, compartí que Dios quiere que le demos nuestro *todo*. Sin embargo, nuestro *todo* no es tan solo nuestro tiempo, tesoros y talentos. En el Lugar Santísimo, *nosotros mismos* nos ofrecemos al Señor sin distracción. Ofrecemos nuestro ser a Él con abandono. En el Lugar Santísimo, nos perdemos en la magnitud de su profundidad, su amor permanente por nosotros. En la quietud de este lugar, somos totalmente conocidos, y experimentamos una verdadera intimidad con el Señor.

Pero ofrecernos a nosotros mismos a Dios requiere *sacrificio.*

Un lugar de sacrificio

En los atrios, *Jesús* era el sacrificio, habiendo sufrido tanto una tortura física horrible y, lo que es aún peor, el inimaginable dolor de sentir que su Padre celestial se ha dado la espalda mientras Él estaba en la cruz.

Pero en el Lugar Santísimo, *nosotros* somos el sacrificio. Nos ofrecemos a nosotros mismos sacrificando lo único que realmente tenemos que darle: nuestras propias vidas. Cuando acudimos a su presencia para estar a solas con Él en tiempos íntimos de adoración, podemos decir que *"cada día muero"* (1 Corintios 15:31).

Cientos de sacerdotes servían a Dios cumpliendo con sus tareas en los atrios del templo, pero solo un sacerdote podía entrar al Lugar Santísimo. En los atrios externos e interiores, el sumo sacerdote ministraba a favor del pueblo, pero en el Lugar Santísimo, ministraba a Dios.

Del mismo modo, en los atrios e incluso en el lugar santo de nuestro viaje espiritual con el Señor, usamos nuestro tiempo, talentos y tesoro para servir al Señor ministrando a su pueblo y ganando almas perdidas para el reino de Cristo. Sin embargo, cuando entro en el Lugar Santísimo, entro *solo.* En la misma presencia del Señor, no hay espacio para nadie más ni para ninguna otra cosa salvo Él y yo.

Nosotros también confundimos muy fácilmente la actividad ministerial con la intimidad. Podemos estar tan ocupados haciendo cosas *para* Dios que estamos demasiado ocupados para pasar tiempo *con* Dios. Creo que, tristemente, la mayoría nos pasamos la vida sirviendo al Señor como "sacerdotes de los atrios". Pero eso no es lo que Él desea para nosotros. Dios nos ama tanto que quiere estar a solas con nosotros en un lugar de intimidad. Él nos llama a cada uno de nosotros a encontrarnos con Él en el lugar escondido de su presencia, el Lugar Santísimo, donde nadie nos ve y nadie puede halagarnos por todo nuestro arduo trabajo.

Mas tú, cuando ores, entra en tu aposento, y cerrada la puerta, ora a tu Padre que está en secreto; y tu Padre que ve en lo secreto te recompensará en público. (Mateo 6:6)

Si sacrificamos nuestra ocupación y las palabras vacías de las opiniones de otros para entrar en el lugar secreto del Lugar Santísimo, nuestro Padre celestial será glorificado, y nosotros seremos bendecidos con la rica recompensa de una relación íntima con Él.

¡Sin sudar!

En la visión de Ezequiel del templo, Dios revela mediante los sacerdotes y los detalles de su vestimenta aún otro modelo de lo que Él requiere de quienes desean intimidad con Él:

Ellos entrarán en mi santuario, y se acercarán a mi mesa para servirme, y guardarán mis ordenanzas. Y cuando entren por las puertas del atrio interior, se vestirán vestiduras de lino; no llevarán sobre ellos cosa de lana, cuando ministren en las puertas del atrio interior y dentro de la casa. Turbantes de lino tendrán sobre sus cabezas, y calzoncillos de lino sobre sus lomos; ***no se ceñirán cosa que los haga sudar.*** (Ezequiel 44:16–18)

Dios dijo que los sacerdotes debían acudir a "servirle". La palabra usada para "servir" es la palabra hebrea *sharath*, que significa "atender como un siervo o adorador; servir o esperar". Como los sacerdotes del templo, nosotros debemos servir a Dios en momentos callados de espera en Él en adoración.

¿Por qué mandó Dios a los sacerdotes que entraban en el Lugar Santísimo que vistieran lino en vez de lana? ¡Porque no quería que sudasen! El sudor representa nuestra carne y el hecho de esforzarnos con nuestras propias fuerzas para "hacer que las cosas ocurran". Dios nunca unge el trabajo de nuestra carne; no hay lugar para ello en el Lugar Santísimo. Dios es espíritu, y debemos adorarle en espíritu y verdad (véase Juan 4:24), no en carne y el autoengaño de nuestra propia fuerza. Esas obras que producimos como resultado de nuestro propio "sudor" no serán sino madera, heno y hojarasca.

> *Porque nadie puede poner otro fundamento que el que está puesto, el cual es Jesucristo. Y si sobre este fundamento alguno edificare oro, plata, piedras preciosas, madera, heno, hojarasca, la obra de cada uno se hará manifiesta; porque el día la declarará, pues por el fuego será revelada; y la obra de cada uno cuál sea, el fuego la probará. Si permaneciere la obra de alguno que sobreedificó, recibirá recompensa.*
> (1 Corintios 3:11–14)

Como creyentes, estamos demasiado familiarizados con intentar producir grandes cosas para Dios con el sudor de nuestra frente. Por esta razón, rehusar esforzarse es uno de los mayores sacrificios que podemos hacer cuando entramos en niveles más profundos en nuestra relación con el Señor.

Muy en lo profundo de nuestro espíritu reside el Lugar Santísimo, el lugar donde Dios nos espera para ofrecernos a Él en adoración. Todo lo que hacemos para Él en el ministerio no tiene valor comparado con el sacrificio de humildad y quebranto ante Él.

> *Porque no quieres sacrificio, que yo lo daría; no quieres holocausto. Los sacrificios de Dios son el espíritu quebrantado; al corazón contrito y humillado no despreciarás tú, oh Dios.*
> (Salmos 51:16–17)

Aunque nuestros tiempos de adoración íntima con el Señor pueden incluir la Escritura, cantar y orar, a veces Él simplemente quiere que le ofrezcamos el sacrificio de nuestro activismo, obras y sudor para que sencillamente podamos *estar* con Él en quietud, tranquilidad y silencio.

> *En descanso y en reposo seréis salvos; en quietud y en confianza será vuestra fortaleza.* (Isaías 30:15)

Bueno es Jehová a los que en él esperan, al alma que le busca. Bueno es esperar en silencio la salvación de Jehová.

(Lamentaciones 3:25–26)

El poder de la transformación

Muy a menudo, lo que nos motiva a tener una relación con Dios es nuestra necesidad. Quizá estamos adorando mecánicamente, pero si somos sinceros, el verdadero clamor de nuestro corazón es: "Dame esto, Dios" o "Necesito esto, Señor". Eso no es una relación, y ciertamente no es intimidad. La verdad es que aunque Dios nos ama y se le parte el corazón con nuestras necesidades más hondas, Él no responde a nuestra necesidad; Él responde a nuestra obediencia en amor y llena de fe y a la intimidad de nuestra relación con Él.

Cuando mis nietos me llaman a la oficina, no me importa lo que estoy haciendo, en qué reunión estoy o con quién estoy hablando; mi ayudante sabe que me tiene que pasar la llamada inmediatamente. ¿Por qué? Por la relación íntima que tengo con mis nietos.

Lo mismo ocurre con nuestra relación con Dios. Él no es un Dios lejano y distante que quiere esconderse de sus hijos. No, Dios es un Dios que está cerca de nosotros: "*¿Soy yo Dios de cerca solamente, dice Jehová, y no Dios desde muy lejos?*" (Jeremías 23:23).

Mi corazón está clamando por *más* de Dios, *más* de su presencia, *más* intimidad, *más* relación y *más* poder. Pero el poder llega solamente mediante la transformación, y la transformación llega solamente mediante la intimidad con Él. La intimidad nace de la relación, y la relación es el resultado de pasar tiempo en su presencia.

La única manera de tener una vida espiritual de poder es pasando tiempo en la presencia de Dios. La transformación es un proceso; un modelo; un ladrillo que descansa sobre otro.

Cuando nosotros...

- nos ofrecemos a Dios con abandono,

- morimos diariamente al yo,
- sacrificamos nuestro esfuerzo y simplemente acudimos a Él quebrantados, y
- buscamos estar a solas con Él en tiempos íntimos de adoración,

... entonces Él responde al clamor de nuestro corazón: *"Clama a mí, y yo te responderé, y te enseñaré cosas grandes y ocultas que tú no conoces"* (Jeremías 33:3).

Cuando esperamos en el Señor y nos entregamos como una *ofrenda* y un *sacrificio* a Él en tiempos de adoración, Él responde el clamor de nuestro corazón y nos bendice:

> *Por tanto, Jehová esperará para tener piedad de vosotros, y por lo tanto, será exaltado teniendo de vosotros misericordia; porque Jehová es Dios justo; bienaventurados todos los que confían en él. Ciertamente el pueblo morará en Sion, en Jerusalén; nunca más llorarás; el que tiene misericordia se apiadará de ti; al oír la voz de tu clamor te responderá.* (Isaías 30:18–19)

El deseo del corazón de Dios es *declararse* a nosotros y *hablarnos* en la intimidad del Lugar Santísimo. ¿Decidirá usted reunirse con Él ahí?

Para profundizar

1. Según Éxodo 25:22, Dios quiere que usted se acerque a Él en adoración para que Él pueda declararse a usted y hablarle. ¿Tiene el deseo de hacerlo? ¿Por qué o por qué no?

2. Pablo usa la analogía de la relación matrimonial para describir la relación íntima que el Señor quiere tener con usted. ¿Se siente cómodo con esta comparación? ¿Por qué o por qué no?

3. Dios deja claro que no debe haber "sudor" en su presencia. ¿Con cuál de las siguientes frases se identifica usted más? ¿Qué dice eso acerca de su relación con el Señor?

    - "Estoy trabajando mucho para el Señor y su reino, así que tiendo a estar ocupado, con exceso de trabajo, estresado y cansado".
    - "Estoy empleando mucho tiempo adorando al Señor, ministrándole y tan solo estando con Él en quietud, tranquilidad y silencio".

4. Pase tiempo con el Señor. Lea Hebreos 10:18–22. Confíe en que por la sangre de Jesús, usted puede entrar en el Lugar Santísimo y acercarse a Dios en fe. Reciba su amor increíble y su aceptación total de usted como su hijo. Dígale cuánto le ama y desea profundizar en una relación íntima con Él en quietud. Adórele en calma. Espere en Él. Escuche lo que Él quiere decirle en el silencio.

20

¿TREINTA, SESENTA, O CIENTO POR UNO?

"Pero parte cayó en buena tierra, y dio fruto, cuál a ciento, cuál a sesenta, y cuál a treinta por uno. El que tiene oídos para oír, oiga".
—Mateo 13:8–9

Usted y yo fuimos creados para adorar a Dios.

El misterio que Él ha revelado mediante el tabernáculo del desierto y el templo de Salomón, los atrios con el altar de bronce y la fuente de bronce; el lugar santo con el candelero de oro, la mesa de los panes y el altar de oro del incienso; el Lugar Santísimo y el arca del pacto, es el camino que lleva a su gloriosa presencia.

Solo en la presencia de Dios nosotros...

- experimentamos su tierno amor.
- encontramos esperanza y sanidad.
- conocemos la paz que sobrepasa todo entendimiento.

- descubrimos la verdadera libertad.
- recibimos la rica recompensa que viene solo de una relación íntima con Él.

Pero si esto es así, y le aseguro que lo es, ¿por qué tan pocas personas terminamos este viaje? ¿Por qué nos resistimos a explorar las imágenes, los modelos y misterios de su Palabra para encontrar el oro que Él ha enterrado ahí para que lo descubramos? ¿Por qué no estamos siguiendo a Dios con todo nuestro corazón, alma, mente y fuerza?

Creo que aunque muchos verdaderamente deseamos una relación más íntima con Dios, no estamos dispuestos a pagar el precio de entrar en el Lugar Santísimo. A la mayoría nos gusta la *idea* de tener intimidad con el Señor, pero cuando se trata de hacerlo, no podemos, o no respondemos a las cinco palabras que Dios habló a mi espíritu:

Arrepentimiento. Alabanza. Adoración.
Ofrenda. Sacrificio.

El deseo de Dios es darle la bienvenida a su presencia y rodearle con su amor y misericordia. Él anhela que usted reciba todas las bendiciones que se producen como resultado de tener intimidad con Él. Amigo mío, por eso Él me ha guiado a escribir este libro: para ayudarle a recorrer el camino a su presencia, para que pueda conocer el gozo de la intimidad con Él.

Barreras para la intimidad

Para ayudarle a avanzar en una relación íntima con Él, veamos algunas de las barreras que podrían estar impidiéndole avanzar desde los atrios, a través del lugar santo y hasta el Lugar Santísimo.

1. Temor

Temor de Dios: muchos tenemos *miedo* de entrar en la presencia de Dios. Ya sea debido a nuestra crianza o a enseñanzas erróneas de la iglesia, muchas personas ven a Dios como un padre que desaprueba o como un juez enojado. Aunque puede que se sientan cómodos con la idea de Jesús como su Salvador amoroso y se relacionen bien con Él, evitan pasar tiempo a solas con su Padre celestial debido al temor a desagradarle.

Temor de la intimidad: quizá otros pudieran tener miedo a la intimidad. La experiencia les ha enseñado que las relaciones íntimas son dolorosas y que no merece la pena el subsiguiente daño que de cierto se producirá si recorren el camino a la presencia de Dios.

2. Culpa

Algunos no nos atreveríamos a entrar en la presencia de Dios porque estamos viviendo en una desobediencia consciente y voluntaria a su Palabra. Como Adán y Eva, huimos y nos escondemos de Dios por nuestro pecado en vez de correr a Él para recibir perdón y restauración. El pecado de la rebelión consciente nos impide experimentar intimidad con Él.

3. Vergüenza

Algunos estamos tan lisiados por la vergüenza que nos vemos como indignos de estar en la presencia de Dios. Nos da vergüenza, no necesariamente por algún pecado que hayamos cometido, sino por el sentimiento de indignidad que envuelve nuestra naturaleza. Nuestra misma identidad es la vergüenza, y por eso simplemente no creemos que Dios ni tan siquiera desee tener una relación íntima con nosotros.

4. Duda y desesperanza

Debido a las semillas de duda que el enemigo ha sembrado en nuestra mente, algunos nos preguntamos si la Palabra de Dios es cierta o no, si su amor es real o no, si realmente Él es bueno o no y si cumplirá las promesas que nos ha hecho. Nuestro escepticismo nos aleja de seguirle apasionadamente. La duda inevitablemente nos lleva a la desesperanza, y la desesperanza ahoga y entorpece nuestro deseo de intimidad.

5. Apatía

Algunos estamos apáticos. Quizá ya intentamos "eso de la intimidad" con Dios antes y nos dimos cuenta de que sencillamente no funcionó con nosotros. Quizá hemos trabajado duro para entrar en su presencia, y nos hemos cansado de intentarlo. Con el tiempo, hemos desistido de seguirle, y ahora ya no estamos interesados.

6. Ofensa

Muchos creyentes en el cuerpo de Cristo han sido heridos por miembros de la familia, amigos, compañeros de trabajo, jefes, miembros de iglesia, líderes ministeriales y otros. Si no perdonan verdaderamente a quienes les han herido profundamente, su falta de perdón se convertirá en amargura. Y como Dios advierte en las Escrituras, cuando rehusamos perdonar a otros, no podemos recibir su perdón. (Véase Mateo 6:15; Marcos 11:26). Sin perdón, no podemos experimentar tiempos de intimidad en su presencia.

7. Infidelidad

Así como la infidelidad por parte de un cónyuge rompe el pacto matrimonial y tensa la relación, la infidelidad al Señor tiene un impacto negativo en nuestra relación con Él. "Engañamos" a Dios cuando amamos las cosas de este mundo más que a Él y perseguimos la lujuria de nuestra carne con más pasión que el camino que conduce a su presencia.

8. Egoísmo

Resulta que a veces no estamos buscando la intimidad con Dios simplemente porque no *queremos*. Rehusamos abandonar nuestros placeres mundanos porque el enemigo nos ha engañado haciéndonos creer que las cosas "aburridas" que Dios quiere darnos no se pueden comparar con las cosas "emocionantes" que el mundo nos ofrece. En vez de hacer a Jesús nuestro Señor, somos *nosotros* los que nos sentamos en el trono de nuestra vida, y no tenemos la intención de movernos de ahí.

9. Insensibilidad

Perseguir las cosas de este mundo e ir en pos de otros amantes (véase Oseas 2:5–6) en vez de perseguir a Dios y la intimidad con Él finalmente produce que nuestros corazones se oscurezcan y endurezcan para Él y sus caminos. Nuestros espíritus se vuelven insensibles a su voz y al mover de su Espíritu Santo, haciendo ver como algo imposible la intimidad con Él.

10. Ocupación

Un gran número de personas simplemente estamos demasiado ocupados para perseguir una relación con Dios. Como ocurre con un esposo y su mujer, la intimidad necesita *tiempo*, pero el tiempo parece ser un bien bastante poco frecuente. Claro, sería bonito pasar tiempo en el Lugar Santísimo, pero cuando estamos sentados ante el Señor en silencio y adorándole, no podemos hacer otras cosas "importantes".

Todas estas barreras nos impiden ministrar ante el Señor en el Lugar Santísimo. No podemos servirle desde la distancia, y no podemos recibir la plenitud de su amor si decidimos pasar el resto de nuestra vida dando vueltas por los atrios o incluso en el lugar santo.

Dios nos invita a cada uno a entrar y experimentar las ricas recompensas de la intimidad con Él. Sin embargo, Él no nos forzará a tener una relación íntima con Él. No nos cazará en los atrios, y nunca nos arrastrará a patadas ni nos gritará desde el lugar santo para que experimentemos la plenitud de su presencia.

Lo que *sí hace* es extendernos la invitación y luego esperar paciente y amorosamente a que la aceptemos. La decisión es nuestra.

"Treinta, sesenta, y ciento por uno"

Si usted es creyente desde hace algún tiempo, probablemente conozca la parábola del sembrador:

> *Oíd: He aquí, el sembrador salió a sembrar; y al sembrar, aconteció que una parte cayó junto al camino, y vinieron las aves del cielo y la comieron. Otra parte cayó en pedregales, donde no tenía mucha tierra; y brotó pronto, porque no tenía profundidad de tierra. Pero salido el sol, se quemó; y porque no tenía raíz, se secó. Otra parte cayó entre espinos; y los espinos crecieron y la ahogaron, y no dio fruto. Pero otra parte cayó en buena tierra, y dio fruto, pues brotó y creció, y produjo a treinta, a sesenta, y a ciento por uno.* (Marcos 4:3–8)

Observe que todas las semillas que cayeron en buena tierra dieron fruto, pero no todo el fruto fue del mismo valor: algunas produjeron treinta veces la cantidad de semillas plantadas, otras dieron sesenta veces la cantidad de semillas plantadas, mientras que otras semillas dieron un fruto de *ciento por uno*.

Eso es el treinta, sesenta, o el cien por cien de la inversión de la semilla del sembrador. Yo no sé usted, pero yo preferiría recibir cien veces lo que he plantado que treinta.

Además de los muchos tesoros ocultos en esta parábola, que comúnmente se usa para ilustrar cosas como el evangelismo, la necesidad de sembrar semillas económicas en buena tierra, y cómo frustrar el plan del enemigo, creo que hay aún otro modelo que Dios quiere que descubramos.

Cuerpo, alma y espíritu

Génesis 2:7 dice: *"Entonces Jehová Dios formó al hombre del polvo de la tierra, y sopló en su nariz aliento de vida, y fue el hombre un ser viviente"*.

Hay tres cosas importantes que destacar en este corto versículo:

1. Dios formó al hombre del polvo de la tierra.
2. Dios sopló en el hombre aliento de vida.
3. El hombre se convirtió en un ser viviente.

El Espíritu de Dios le dio al hombre su cuerpo, alma y espíritu.

Después, en 1 Tesalonicenses 5:23, leemos: "*Y el mismo Dios de paz os santifique por completo; y todo vuestro ser, espíritu, alma y cuerpo, sea guardado irreprensible para la venida de nuestro Señor Jesucristo*". Observe que Pablo nombra tres aspectos que componen lo que somos: nuestro cuerpo, nuestra alma y nuestro espíritu.

Nuestro *cuerpo* es nuestro yo físico que alberga nuestra alma y espíritu. Es nuestro "traje de la tierra" (algún día, viviremos en cuerpos nuevos y resucitados en el cielo), y representa los atrios, que es una imagen de una relación al *treinta por uno* con el Señor. En los atrios, aceptamos a Jesús como nuestro Salvador y somos bautizados en agua y en la Palabra. Esto es un comienzo esencial, pero no podemos detenernos ahí.

Nuestra *alma* está compuesta por nuestra mente, voluntad y emociones. Es la parte de nosotros que dice: "Yo pienso", "Yo deseo" y "Yo siento". Nuestra alma influencia nuestro cuerpo y representa el lugar santo, que es una imagen de una relación al *sesenta por uno* con el Señor. En el lugar santo, somos iluminados por la Palabra de Dios, y nuestro entendimiento de Jesús como la Luz del mundo se profundiza. Nos gozamos en Él, el Pan de vida, y disfrutamos del maná fresco cuando leemos la Palabra diariamente y cuando participamos de la Comunión.

En el lugar santo, nuestra vida espiritual profundiza cuando nos comunicamos con Dios a través de la iluminación de su Palabra, y cuando oramos, le adoramos y le permitimos que Él nos muela haciendo de nosotros un incienso dulce que sube delante de Él. Aunque nuestro entendimiento de Dios y nuestra experiencia con Él en el lugar santo es increíble, no es la expresión completa de una relación íntima con Él. ¡Hay más!

Nuestro *espíritu* es la parte de nosotros que está hecha a imagen de Dios. Cuando aceptamos a Jesucristo como nuestro Señor y Salvador, es nuestro espíritu lo que instantáneamente es justificado por su sangre, y es en nuestro espíritu donde Dios coloca el sello de su Espíritu Santo. (Véase Efesios 1:13). Nuestro espíritu influencia nuestra alma, y representa el Lugar Santísimo, que es una imagen de una relación y experiencia con el Señor al *ciento por uno*. En este lugar santo, somos recompensados con su presencia, paz y poder. Sentimos su amor abrumador por nosotros, y nuestro espíritu se hace uno con el suyo.

También quiero destacar que en los atrios del tabernáculo, el sol y la luna proveían luz natural. En el lugar santo, la fuente de luz era el candelero, que estaba hecho por el hombre. Y en el Lugar Santísimo, la fuente de luz era sobrenatural, porque era la gloria *shekiná* del propio Dios lo que brillaba en la oscuridad. De esto, vemos otro modelo más de la progresión de nuestra relación íntima con Dios.

Un espíritu

Cuando Adán y Eva pecaron en el huerto, sus *espíritus* fueron separados de Dios, y pasaron a estar *"muertos en sus delitos y pecados"* (Efesios 2:1). La consecuencia de su pecado es que nuestro cuerpo decae y finalmente muere para siempre. Sin embargo, nuestra alma: nuestra mente, voluntad y emociones, junto con las decisiones que tomamos, determinará dónde pasará nuestro espíritu (albergado en una nueva casa) la eternidad.

Nuestra intimidad con Dios queda restaurada solo mediante el sacrificio de su Hijo en la cruz. Así como el altar de bronce era el primer utensilio que encontraba el sacerdote en los atrios, así también Jesús es el primer paso que debemos dar en el camino a la presencia de Dios. Como los sacrificios animales en los atrios, es solo mediante la sangre derramada de Jesús como recibimos el perdón de nuestros pecados.

Es vital que entendamos que solo nuestro espíritu, ni nuestra alma ni nuestro cuerpo, puede tener una comunión directa con Dios. Como compartí con usted en el capítulo anterior, Dios es *Espíritu*, y los que desean intimidad con Él deben adorarle en espíritu y en verdad. (Véase Juan 4:24). Cuando aceptamos el sacrificio de Jesús hecho por nosotros como pago de nuestros pecados, es nuestro *espíritu* lo que es salvo, renovado y restaurado para tener comunión con Dios.

Pablo escribió a los corintios: "*¿O no sabéis que el que se une con una ramera, es un cuerpo con ella? Porque dice: Los dos serán una sola carne. Pero el que se une al Señor, un espíritu es con él*" (1 Corintios 6:16–17). Por un lado, Pablo estaba advirtiendo a los creyentes contra la inmoralidad cuando les dijo que tuvieran cuidado de no ser impuros sexualmente. Por otro lado, Pablo también estaba dejando claro que cuando unimos nuestro espíritu con el Espíritu de Dios, nos hacemos uno con Él.

Cuando adoramos, Dios quiere que participemos con las tres partes de nuestro ser: cuerpo, alma y espíritu. Pero es nuestro *espíritu* el que es uno con el suyo, y el resultado es una relación de intimidad. Nuestro cuerpo y alma simplemente no son capaces de tener este tipo de intimidad con el Señor. Solo nuestro espíritu puede tener unión con Dios, ¡y esta unión se produce mediante la adoración!

Más de Él

Algunos días, siento como si diese un paso hacia adelante en el camino que lleva a una intimidad más profunda con Dios, y después hay días en los que parece que doy un paso de gigante hacia atrás. A pesar de ello, estoy decidido a no vivir en una relación con Él de treinta por uno.

No quiero conformarme con una experiencia de atrios con Él. Sí, estoy agradecido por haber sido salvado por la sangre del Cordero en el altar de bronce; sí, estoy contento de haber sido bautizado y lavado con el agua y la Palabra en la fuente de bronce. Pero esto no es suficiente para mí, y espero que tampoco sea suficiente para usted.

Para ser totalmente sincero con usted, he pasado la mayor parte de mi vida viviendo en el lugar santo y estando satisfecho con una relación de sesenta por uno con el Señor. Y la vida en el lugar santo es maravillosa. He experimentado a Dios mediante el candelero y la iluminación de su Palabra. He tenido fiesta con Jesús como mi Pan diario en la mesa de los panes; he conformado mi voluntad a la suya; he ofrecido mi adoración e intercesión a Dios en el altar de oro, incluso en medio de tiempos en los que sentí que estaba siendo molido por su mortero y su mano de mortero.

Pero en años recientes, Dios me ha guiado misericordiosamente por el camino a su presencia, y ya no estoy contento con una relación al sesenta por uno en el lugar santo. He experimentado de primera mano la verdadera intimidad que se encuentra exclusivamente en el Lugar Santísimo. Me he encontrado ahí con Dios. Le he ofrecido mi vida como un sacrificio vivo.

Y al ministrarle en este lugar santo, Él me ha hablado. He experimentado la realidad de su presencia, paz y poder. He sido envuelto por su amor y abrumado por su misericordia y gracia, y nunca más volveré a estar satisfecho con nada menos que no sea una relación al ciento por uno.

¿Y qué hay de usted? ¿Quiere más? ¿Más de su presencia en su vida? ¿Más de su paz? ¿Más de su poder? ¿Más intimidad con Él? ¿Más?

Mientras ha estado leyendo este libro, ¿ha respondido su espíritu con un "Sí" atronador? ¿Está sintiendo un profundo remover, un anhelo de más, un deseo de entrar en la intimidad del Lugar Santísimo y un hambre por probar por usted mismo y ver que el Señor es bueno? O quizá se pregunta si es posible tener una relación de ciento por uno. Quizá quiere lo que estoy describiendo, pero tiene miedo.

Independientemente de dónde se encuentre en este viaje, esta es una decisión que cada uno de nosotros debe tomar por sí mismo: *"Muchos pueblos en el valle de la decisión; porque cercano está el día de Jehová en el valle de la decisión"* (Joel 3:14).

¿Hasta dónde quiere llegar?

Sepa que dondequiera que se encuentre en su viaje, Dios le ama ahí donde usted está. Él no se ha impacientado con usted. No está frustrado con usted. No está decepcionado con usted. Pero quiere desesperadamente que usted se encuentre con Él en el Lugar Santísimo. Él desea que tenga una relación íntima, una relación de ciento por uno con Él; quiere darle más.

Para tener más de Él, usted tendrá que decidir hasta dónde quiere llegar. Jesús dijo: *"Bienaventurados los que tienen hambre y sed de justicia, porque ellos serán saciados"* (Mateo 5:6). La palabra griega usada aquí para *"hambre"* es *peinao*, que significa "ansiar; morirse de hambre".

Imagínese que se está muriendo de hambre, y entra en un restaurante lleno de mesas de buffet llenas de comida. ¿Qué haría? ¿Le importarían sus modales y esperaría pacientemente en la fila hasta que le tocara su turno? ¿Usaría con esmero toda la cubertería, se limpiaría la boca con su servilleta después de cada bocado, y se aseguraría de masticar con la boca cerrada? No lo creo. Una persona que se está muriendo de hambre no tiene modales. Le apuesto que correría a esas mesas y comenzaría a comer vorazmente todo lo que viera.

Del mismo modo, Dios quiere que *ansiemos* su presencia. Sin embargo, muchos líderes ministeriales están enfocados en tener una conducta eclesial "políticamente correcta". Nos han enseñado a sentarnos calladamente con nuestras manos abajo, o quizá a elevar nuestras manos al aire un poco, si se está cantando una canción especialmente poderosa.

Tristemente, muchos de nosotros ni siquiera sabemos que tenemos hambre. No nos morimos de hambre por la presencia de Dios porque no hemos experimentado una verdadera intimidad con Él. De hecho, realmente no sabemos lo que significa eso, y no sabemos lo que nos estamos perdiendo. En cambio, nos estamos atiborrando con una dieta constante de "comida basura" que disfraza lo espiritualmente malnutridos que estamos.

¿Está satisfecho con conocer superficialmente al Señor, o se muere de hambre por conocerle íntimamente? ¿Está contento con que sean buenos amigos, o se muere de hambre por su presencia? ¿Dará el siguiente paso por el camino a su presencia, o prefiere quedarse donde está ahora?

Si está dispuesto a abandonarse a Él como sacrificio vivo, y si está listo, por su gracia y su fuerza, a vencer las barreras que le impiden tener una relación íntima con Él, entonces es tiempo de que usted prosiga.

Para profundizar

1. Al comienzo de este capítulo, hay una lista de barreras para la intimidad con el Señor. Revise esa lista e identifique una o dos de las barreras que le están resultando difíciles de vencer. ¿Por qué son difíciles para usted?

2. Considere su actual relación con el Señor. ¿Se describiría usted como alguien con una relación con Él al treinta, al sesenta, o al ciento por uno? ¿Por qué? ¿Está satisfecho con estar donde está ahora, o tiene hambre de más?

3. ¿Está satisfecho con conocer superficialmente al Señor, o se muere de hambre por conocerle íntimamente? ¿Por qué o por qué no?

4. Pase tiempo con el Señor ahora. Comparta con Él todas sus respuestas a las preguntas 1 a 3. Si está listo para proseguir, dígaselo, y pídale su gracia y fortaleza para ayudarle a vencer cada barrera que pudiera apartarle de su presencia.

21

¡PROSIGA!

"A fin de conocerle, y el poder de su resurrección".
—Filipenses 3:10

Bueno, amigo, hemos llegado hasta aquí juntos por este camino que conduce a la presencia de Dios. Comenzamos en las puertas del templo de Salomón y terminamos nuestro viaje en el Lugar Santísimo. Hemos aprendido mucho durante el viaje según hemos ido explorando diferentes imágenes y modelos, y hemos cavado hondo para desenterrar el tesoro escondido de Dios en los misterios de su Palabra.

Cuando Jesús dijo a los fariseos: *"Porque si creyeseis a Moisés, me creeríais a mí, porque de mí escribió él"* (Juan 5:46), habló correctamente. Moisés narró diligentemente las claras instrucciones que Dios le había dado respecto a la construcción del tabernáculo, su contenido y la ubicación dentro del tabernáculo, sin ser consciente todo el tiempo de que estaba detallando una imagen profética de la muerte sacrificial del Mesías que vendría.

Le invito a hacer una pausa por un momento ahora y formar una imagen mental del tabernáculo físico. Imagínese el contenido de los atrios, el lugar santo y el Lugar Santísimo. Con los ojos de su mente, vea...

- al altar de bronce en los atrios y la fuente de bronce detrás de este.
- el candelero de oro a la izquierda, la mesa de los panes a la derecha y el altar del incienso justo delante.
- el arca del pacto en el Lugar Santísimo.

¿Ve cómo estos seis utensilios forman la silueta de una cruz? ¿Cuál es la imagen que Dios quiere que veamos en esto? ¡Todo el tabernáculo es una representación de Jesucristo! Él está revelado en cada utensilio del mobiliario, y cuando todas las piezas por separado se ven en su conjunto, Él está revelado como crucificado por nosotros.

Pero observe que son necesarios los seis utensilios para formar la cruz. Desde el altar de bronce en los atrios hasta el arca del pacto en el Lugar Santísimo, cada uno es necesario. Si nos detenemos en la fuerte de bronce en los atrios, no tenemos toda la imagen. Si nos detenemos en el altar de oro del incienso en el lugar santo, puede que tengamos una representación más precisa de Jesús, pero la imagen no está completa.

¿Cuál es el patrón?

Para recibir la plenitud de la obra redentora de Jesús en la cruz, debemos entrar en el Lugar Santísimo y experimentar la intimidad de la presencia de Dios. No basta con ser salvos. No es suficiente con ser bautizados. No es suficiente con ser iluminados por la Palabra diariamente, tomar la Comunión o incluso orar y adorar. Debemos abandonarnos por completo a Dios y ofrecer nuestra vida como un sacrificio vivo para Él en el Lugar Santísimo. Todo lo que sea menos de esto niega la plenitud de aquello por lo que Jesús murió para dárnoslo.

Por lo tanto, ¿cómo proseguimos a la presencia de Dios? ¿Cómo profundizamos en la intimidad de nuestra relación con Él? ¿Cómo habitamos en el Lugar Santísimo?

La respuesta a estas preguntas es simple, pero no necesariamente es fácil, y ciertamente no es popular. Como el joven rico que se fue triste cuando Jesús le dijo lo que tenía que hacer para obtener la vida eterna (véase Mateo 19:16–26), muchos creyentes retroceden cuando aprenden lo que se requiere de ellos para tener una relación íntima con el Señor.

La trágica verdad es que la mayoría del mundo no será salvo, y la mayoría de los que somos creyentes no decidiremos proseguir hasta tener una relación íntima con el Señor. Como dijo Jesús: "*Porque estrecha es la puerta, y angosto el camino que lleva a la vida, y pocos son los que la hallan*" (Mateo 7:14). ¡Pero usted puede ser uno de esos pocos!

Seis principios para entrar en su presencia

Si usted es uno de los pocos preciosos escogidos para proseguir hasta la presencia de Dios, entonces tengo seis principios que compartir que le ayudarán a desarrollar buenos hábitos que conducen a una relación más íntima con su Padre celestial.

Principio 1: Tenga un tiempo apartado

Tener un tiempo apartado cada día para pasarlo con el Señor es el primer principio para formar el hábito de estar a solas con Él. Para mí, la mejor hora del día es en la mañana. Para usted, quizá sea durante la hora de su comida, o quizá sea mejor a última hora del día. El momento del día realmente no es lo importante. Lo que verdaderamente importa es la regularidad. Tenga una cita diaria con Él, y después manténgala. Por supuesto, los horarios cambian y puede que haya días en los que su tiempo a solas sencillamente no es posible cumplirlo, pero esa debería ser la excepción y no la norma.

Principio 2: Tenga un lugar especial

El segundo principio para formar el hábito de estar a solas con Dios es tener un lugar especial para su tiempo a solas. Decida dónde estará su "Lugar Santísimo", y después acuda allí cada día para que Él pueda declararse a usted y hablarle. (Véase Éxodo 25:22). Mi lugar especial para estar a solas con el Señor es en el estudio de nuestra casa. Quizá usted prefiera una silla especial en un rincón de algún lugar, o quizá tenga un lugar soleado donde le gusta sentarse. Realmente no importa el sitio mientras tenga un lugar que sea tranquilo y donde encuentre paz.

Principio 3: Libérese de las interrupciones

Un tercer principio para desarrollar el hábito de entrar en la presencia de Dios diariamente es asegurarse de que su tiempo con Él se produce cuando y donde usted pueda estar libre de interrupciones. Todos sabemos lo que es estar en medio de una conversación con alguien cuyo teléfono celular suena, y él o ella deja de hablar con nosotros para responder la llamada. Cuando eso sucede, nos sentimos como si no tuviéramos toda la atención de dicha persona; como si lo que estábamos diciendo no fuera importante; como si nosotros no fuésemos muy importantes para esa persona.

Del mismo modo, cuando nos distraemos fácilmente con llamadas de teléfono, timbres o perros quejumbrosos, lo que le estamos comunicando al Señor es que realmente no le estamos prestando atención a Él. Nuestro tiempo con Él tiene que ser enfocado, dirigido y libre de interrupciones.

Principio 4: Deje que el Espíritu Santo dirija su cuerpo y su alma

Los hábitos son difíciles de formar, pero muy fáciles de romper. Escuché una vez a alguien decir que son necesarias tres semanas para formar un hábito. No sé si es cierto o no, pero lo que sí sé por experiencia propia es que tan solo se necesita un día para romper un buen hábito. Lo que quiero decir es que aunque podemos estar decididos a desarrollar el hábito de buscar la presencia de Dios, debemos ser conscientes de que este es un hábito que el enemigo no quiere que formemos. Él intentará todo tipo de trucos para hacernos romper el hábito de pasar un tiempo de calidad a solas con Dios cada día.

Esto me lleva al cuarto principio. Habrá días en que no tengamos ganas de entrar en la presencia de Dios para estar a solas con Él. Cuente con ello. Cuando estamos estresados, muy cansados, demasiado ocupados, realmente decepcionados o sencillamente pachuchos, pasar tiempo con el Señor y adorarle puede ser lo último que tengamos ganas de hacer. Pero es precisamente en estos momentos cuando más necesitamos estar con Él.

En días así, no podemos basar nuestra decisión de si queremos o no pasar un tiempo íntimo a solas con el Señor en nuestros sentimientos "del alma". Debemos permitir que el Espíritu Santo, a través de nuestro espíritu, dirija nuestro cuerpo y alma, diciéndoles que pasarán tiempo en su presencia, ¡independientemente de que lo sintamos o no!

Principio 5: Pasar tiempo "significativo" con el Señor

Si deseamos intimidad con alguien, debemos estar dispuestos a invertir un tiempo importante en la relación. Esto sucede sea la relación entre esposo y esposa, un padre y un hijo o dos amigos, y especialmente ocurre si queremos tener una relación íntima con Dios.

Para que el tiempo que pasamos con Dios sea significativo, debe estar "lleno de significado" tanto para Él como para mí. Debe ser valioso. Debe costarme algo. Como el rey David, no deberíamos ofrecer lo que no nos cuesta nada. (Véase 1 Crónicas 21:24). Si el tiempo que pasamos con el Señor no es significativo para nosotros, no podemos esperar que sea significativo para Él.

Pasar un tiempo significativo en la presencia de Dios es una elección. Es una decisión. Es una respuesta a la invitación que Él le hace a *"levántate… y ven"* para estar a solas con Él. (Véase Cantar de los Cantares 2:10). Cuando usted responde al impulso de su Espíritu, su tiempo a solas con Él será "significativo".

Principio 6: Comience en el altar de bronce pero termine en el Lugar Santísimo

A lo largo de este libro le he recordado las cinco palabras que el Señor habló a mi espíritu en esa cafetería hace muchos años:

Arrepentimiento. Alabanza. Adoración.
Ofrenda. Sacrificio.

Aunque no era consciente esa mañana del viaje que estaba a punto de emprender, Dios me ha guiado fielmente por el camino que lleva a su presencia revelándome las imágenes, los modelos y misterios del tabernáculo de Moisés y el templo de Salomón. A lo largo de los años, Él ha aumentado mi conocimiento y entendimiento de cómo estas cinco palabras se relacionan directamente con lo que ocurre en los atrios, el lugar santo y el Lugar Santísimo.

Pero Él también me ha revelado algo más.

Cada día, cuando *me levanto y voy* a pasar tiempo a solas con Él, estas cinco palabras son en sí mismas el camino que me conduce a su presencia. Recuerde que no es una fórmula para tener intimidad con Él, sino simplemente el modelo que Él nos ha dado a seguir.

Comienzo arrepintiéndome de mis pecados diarios. Le alabo con gratitud por lo que Él ha hecho, está haciendo y hará en mi vida y en las vidas de mis seres queridos. En humildad y reverencia, le adoro por lo que Él es. Me ofrezco con abandono, y confiadamente me entrego a Él como un sacrificio vivo.

No podemos hacer esto por nosotros mismos. Necesitamos la ayuda de Dios para arrepentirnos. Sin su gracia, nuestra carne no quiere alabarle y adorarle. Sin su fuerza, somos demasiado egoístas como para ofrecernos a Él con abandono y demasiado miedosos a morir diariamente como sacrificios vivos para Él.

Sin embargo, con la ayuda, la gracia y la fortaleza de Dios, podemos poner alegremente y voluntariamente delante de Él todo nuestro tiempo, talento y posesiones, todo *nuestro ser,* para experimentar una relación íntima con Él y para experimentar el gozo de tener su presencia en nuestra vida.

En su presencia

Contrariamente a lo que quizá hemos aprendido en la escuela dominical, no podemos tener una relación íntima con el Señor solamente orando y leyendo su Palabra. Eso solo produce en nosotros conocimiento intelectual. Puede usted ganar concursos de trivial bíblico con todo su conocimiento "acerca" de Él; pero puede que lleguemos a saber todo acerca de Él y un día nos demos cuenta de que realmente no le "conocemos" a Él. Y le conocemos y experimentamos una intimidad genuina con Él solamente pasando tiempo en su presencia.

Amigo mío, cuando acudimos delante de Dios limpiados de todo nuestro pecado, cuando acudimos a Él con nuestras alabanzas, cuando acudimos ante Él en adoración, cuando acudimos ante Él como una ofrenda y cuando acudimos delante de Él como sacrificios vivos, sucede algo maravilloso. ¡Viene la presencia de Dios! ¡Su amor nos rodea! ¡Su gloria nos cubre! ¡Su paz nos envuelve! Y nuestro espíritu es uno con el suyo en intimidad.

Lo maravilloso acerca de la presencia de Dios es que cualquier cosa, *cualquier cosa,* puede ocurrir en nuestros tiempos íntimos con Él. Podemos ser...

- ¡perdonados!
- ¡reconciliados!
- ¡sanados!

- ¡liberados!
- ¡restaurados!
- ¡transformados!

Cuando estamos con Él, no necesitamos nada más. Su amor es suficiente, y es su amor lo que nos llama a proseguir hacia una relación más profunda, más íntima con Él.

Hay una canción sencilla de adoración que aprecio mucho y que describe su increíble amor por nosotros... un amor que nos lleva a seguir apasionadamente el camino que conduce a su presencia. Se titula "Oh, How He Loves You and Me" ["Cuánto me ama el Señor"].

Cuánto me ama el Señor,
Cuánto me ama el Señor;
Su vida dio por mí, ¿qué más podía Él dar?
Oh, cuánto te ama,
Oh, cuánto me ama;
Oh, cuánto nos ama el Señor.
Jesús al Calvario fue,
Para su amor al hombre mostrar;
Lo que hizo esperanza dio,
Oh, cuánto te ama,
Oh, cuánto me ama,
Oh, cuánto nos ama el Señor.

—Kurt Kaiser, 1975

Mi amigo, lo que Pablo les dijo de manera tan clara a los cristianos que vivían en Roma hace miles de años sigue siendo cierto para nosotros hoy:

¿Quién nos separará del amor de Cristo? ¿Tribulación, o angustia, o persecución, o hambre, o desnudez, o peligro, o espada?... Antes, en todas estas cosas somos más que vencedores por medio de aquel que nos amó. Por lo cual estoy seguro de que ni la muerte, ni la vida, ni ángeles, ni principados, ni potestades, ni

lo presente, ni lo por venir, ni lo alto, ni lo profundo, ni ninguna otra cosa creada nos podrá separar del amor de Dios, que es en Cristo Jesús Señor nuestro. (Romanos 8:35, 37–39)

Mi oración por usted

Me gustaría animarle hoy en su viaje hacia la intimidad con el Señor. Permítame orar por usted ahora.

Señor Dios, muchas gracias por la sangre de tu Hijo que nos cubre. Gracias porque mediante su muerte en la cruz, podemos acercarnos confiadamente a tu trono de gracia en tiempos de necesidad. En el nombre de Jesús, nos arrepentimos de esas cosas que hemos hecho que no te han glorificado, y nos arrepentimos de esas cosas que deberíamos haber hecho en obediencia a ti pero no hicimos.

Dios, te alabamos por quien eres y por lo que estás haciendo en nuestra vida. Gracias porque tu amor no nos dejará. Gracias porque nos has redimido y nos estás llevando por el camino hacia tu presencia.

Te adoramos porque tú eres Dios y tú eres bueno. Tú eres fiel y verdadero. No hay otro dios fuera de ti. Solo tú eres digno de recibir toda gloria y honor y poder y alabanza. ¡Aleluya!

Señor Dios, nos entregamos a ti como una ofrenda. Ponemos delante de ti nuestro tiempo, nuestro talento y nuestros bienes. No retenemos nada. Como el rey David, decimos que todo en los cielos y en la tierra te pertenece, oh Señor, y este es tu reino. Todo lo que tenemos y todo lo que somos es tuyo.

Nos ofrecemos a ti como un sacrificio vivo, y decidimos morir diariamente, parar que tú vivas a través de nosotros.

Dios, que este sea un día de nuevos comienzos para mi amigo que está haciendo esta oración conmigo en este instante. Que hoy sea un punto de inflexión en su relación contigo. En el nombre de Jesús, libera la bendición de una relación contigo al ciento por uno. Libera un nuevo hambre y una nueva pasión por tu presencia.

En el nombre de Jesús, haz que tu hijo nunca se conforme con quedarse en los atrios, ni tan siquiera en el lugar santo. Por tu gracia, ayúdale a acudir confiadamente al Lugar Santísimo. Señor, que tu precioso hijo more ahí, viva ahí y acampe en tu presencia ante tu altar, en adoración a ti. Que la vida de tu hijo sea una dulce fragancia ante ti.

Gracias, Dios, porque según tu Palabra, te declararás a nosotros y nos hablarás en este lugar santo. Te bendecimos, Dios, en el nombre de Jesús. Amén.

¡Vamos, prosiga!

Mi amigo, hay una última idea que quiero compartir con usted.

Desarrollar una intimidad con el Señor es un proceso. Una cosa es conocerle como Salvador y experimentar el gozo de la salvación en los atrios al treinta por uno, y algo muy distinto es proseguir hasta conseguir una relación más profunda, más íntima con Él, una relación en el Lugar Santísimo al ciento por uno. Y este es el tipo de relación que Él desea tener con nosotros.

En cualquier relación, la intimidad no ocurre de la noche a la mañana. Lleva tiempo crear una relación íntima con el Señor. Sepa que el amor de Dios le está atrayendo y que Él le está alentando a seguir. Sea paciente con usted mismo en el proceso, sabiendo que Él le está esperando pacientemente.

El clamor del corazón de Pablo era que él pudiera *"conocerle, y el poder de su resurrección"* (Filipenses 3:10). Hoy, que este sea también el clamor de su corazón. Que Dios le dé el hambre, el valor y la fe para responder a su amor y proseguir al Lugar Santísimo. Que siga usted apasionadamente el camino que conduce a su presencia y habite ahí con Él para siempre.

¡Prosiga!

ACERCA DEL AUTOR

Como presidente y director general de Inspiration Ministries en Indian Land, Carolina del Sur, David Cerullo está dedicado a influenciar a personas para llevarlas a Cristo en todo el mundo mediante los medios de comunicación. Tiene una combinación única de ministro cristiano y hombre de negocios. Hijo del evangelista internacional Morris Cerullo, David adoptó un enfoque menos tradicional del ministerio, graduándose de la Universidad Oral Roberts con una licenciatura en Administración y Gestión de Empresas. Inspiration TV actualmente llega a más de 150 naciones con el evangelio de Jesucristo. David y su esposa, Barbara, tienen un programa de televisión diario, internacional y de alcance, *Inspiration Today!* Para más información, visite inspiration.org.